EN SMAALA

L'auteur et les éditeurs déclarent réserver leurs droits de reproduction et de traduction en France et dans tous les pays étrangers, y compris la Suède et la Norvège.

Ce volume a été déposé au ministère de l'intérieur (section de la librairie) en décembre 1896.

PARIS. TYP. DE E. PLON, NOURRIT ET Cie, 8, RUE GARANCIÈRE.

MICHEL ANTAR

EN SMAALA

PARIS

LIBRAIRIE PLON

E. PLON, NOURRIT ET Cie, IMPRIMEURS-ÉDITEURS

RUE GARANCIÈRE, 10

1897

Tous droits réservés

A

MADAME ADAM ALICE S...

AU LECTEUR

Le lieutenant Goubet? Son histoire est très simple. C'est par désœuvrement qu'il avait commencé de jouer, dans les longues après-midi des manœuvres, — pour s'occuper, un peu aussi pour faire comme les autres.

La veine lui ayant souri, il se persuada aisément qu'elle durerait toujours, et ce lui fut un encouragement pour continuer. Même il rêva que leur fortune qui, mal gérée depuis la mort du père, s'en allait par lambeaux, il saurait ainsi la remettre en état.

Et peu à peu, le jeu l'avait pris tout entier. Si bien que, lorsque vint la déveine, il ne cessa pas de jouer. Il ne songeait plus, il est vrai, à s'enrichir; il ne pensait qu'à « se refaire ».

Fatale, inévitable, devait être la chute.

Quatre ans il lutta, hanté, combien souvent! par la terrible vision de cette fin dans laquelle sombreraient et cette fortune qu'il avait voulu remettre à flot, et peut-être aussi sa situation militaire.

Enfin le jour vint où il fut acculé, où nulle bourse ne s'ouvrit plus pour lui, même pas celle d'un usurier.

Il osa envisager en face la situation; il compta : ses dettes dépassaient de beaucoup ce dont pouvait disposer pour lui sa mère, et pourtant, lorsqu'il lui eut avoué le désastre, elle pardonna sans hésiter, la chère femme; elle para tout de suite au plus pressé; puis elle se dépouilla autant qu'elle le put, ne gardant que le nécessaire pour aller demeurer en quelque coin ignoré où la vie serait facile.

Grâce à l'oncle Goubet, qui avait une haute situation et qui connaissait le ministre, Henri put passer sans retard dans un régiment de spahis. Une solde un peu plus forte, en territoire militaire du moins, une vie plus retirée, exempte de tentations, devaient l'aider à se libérer peu à peu.

Avec la volonté ferme de réparer le passé, il aborda sa vie nouvelle.

Plus d'une fois il a failli désespérer. Il a eu à vivre de pénibles moments, à subir bien des humiliations, à se débattre entre les mains d'usuriers d'autant plus impitoyables qu'il les avait laissés donner à leurs opérations les formes de la légalité.

Jusqu'à présent, néanmoins, il a réussi à aplanir quelques difficultés; il espère un jour venir à bout des autres.

Durant ces années d'Algérie, il avait pris l'habitude de jeter sur le papier, chaque jour, quelques notes : petits événements journaliers, impressions de sa vie militaire et de sa vie intime.

Voici un fragment de ce journal.

Il m'a semblé qu'il s'en dégageait le charme des choses vues, des choses vécues, des choses vraies enfin : n'est-ce point suffisant pour qu'il offre de l'intérêt?

M. A.

Octobre 1893.

EN SMAALA

Mercier-Lacombe, 14 juin. — Demain, ou plutôt cette nuit, — le camp sera levé à une heure du matin, — nous rentrons à Bel-Abbès.

Depuis cinq semaines que nous la menions, je m'étais habitué à cette vie tout en dehors, dont l'activité incessante me faisait oublier un peu mes ennuis particuliers. J'éprouve un serrement de cœur à l'idée de reprendre la vie de garnison.

Mes camarades sont dans le ravissement, eux qui peuvent jouir sans arrière-pensée de toutes les douceurs de la vie. Après une année passée dans le Sud, rentrer dans le Tell est pour eux une façon de renouveau. L'idée seule des plaisirs qu'ils comptent retrouver les comble de joie.

Bel-Abbès, 16 juin. — Je sommeillais à cheval. Lorsque Dahman m'a réveillé, il faisait déjà grand jour.

Nous traversions alors, et depuis je ne sais combien de temps, une immense plaine couverte de moissons. Quelques fermes, disséminées çà et là, piquaient de la blancheur de leurs murs l'or ondoyant de ce tapis colossal.

Dans le lointain, devant nous, une grande ligne sombre : les arbres de Bel-Abbès.

Avant d'arriver aux faubourgs, nous nous sommes arrêtés un moment pour secouer la poussière de la route : il fallait nous présenter dans tout notre éclat devant les Bel-Abbésiennes.

Nouba en tête, nous avons fait notre entrée dans la ville, — une entrée à succès, malgré l'heure matinale.

Aussitôt l'étendard salué, les camarades se sont envolés dans toutes les directions ; ils allaient s'occuper de leur installation.

Je suis resté au quartier. Le colonel m'y a offert une des chambres qu'il a destinées aux officiers de passage.

Ayant fait, pendant les manœuvres, une demande pour passer dans un escadron de smaala, je compte sur un séjour peu prolongé à Bel-Abbès.

20 juin. — Une ville curieuse, Bel-Abbès, d'une régularité qui me rappelle Vitry-le-François, où j'ai tenu garnison, — autant du moins qu'une pétulante gitane peut ressembler à une bourgeoise raide et engoncée.

Au croisement des deux rues principales, au milieu d'un refuge, se dresse un candélabre supportant, entre quatre becs de lumière, une horloge municipale : le point O, le centre de la ville.

Tout autour, les maisons parquées en quatre secteurs réguliers, sont enfermées dans une enceinte crénelée, — désespoir des Bel-Abbésiens, — ceinture inoffensive malgré son air guerrier, que dépasse de ses frondaisons vertes et touffues une quadruple rangée de très beaux arbres, ombrageant de larges promenades.

Au delà, s'allongeant dans toutes les directions, d'interminables faubourgs plus espagnols que français.

Par son âge, Bel-Abbès est une enfant, mais une enfant prodige, qui s'est développée avec une vitalité extraordinaire.

On dirait une de ces villes d'Amérique qui sortent de terre bâties et habitées.

Née d'hier, elle compte déjà plus de vingt mille habitants.

Si jeune, elle ne peut, comme sa voisine, l'antique et royale Tlemcen, se parer des glorieux débris d'une vieille civilisation.

Une église, simple et laide, — du style génie militaire ; — un hôtel de ville lourd et prétentieux, — du style de parvenu, — marquent son point de départ et son point d'arrivée, — les débuts et la fortune faite.

Et ce sont là tous ses monuments, à moins que l'on ne compte encore la colonne de bronze élevée à mi-chemin entre la gare et la porte d'Oran, tel un de ces longs cigares exotiques embagués en leur milieu d'une bande de papier doré.

Mais elle a du moins deux joyaux : le Jardin du cercle des officiers, tout contre la lanterne centrale, et hors des murs, le Jardin public, égayés tous deux, tour à tour, par la remarquable musique du 1er Étranger.

Une chose étonne en cette ville où l'on ne peut se mouvoir sans éprouver la sensation d'étouffement que donnent des murs vus de partout, — une chose qui lui donne une originalité toute particulière : — son animation, que pourrait lui envier plus d'une préfecture de France.

Rien de pareil, nulle part, à sa rue de Mascara, de quatre à sept. Sur la chaussée se croisent, s'enchevêtrent et s'accrochent quelquefois les lourds camions, les charrettes qui filent à des allures vertigineuses, les landaus antiques conduits par des cochers barbus et en casquette, les véhicules étranges, sortis d'on ne sait où, qui volent au galop de maigres rosses avec un tapage assourdissant de vieille ferraille.

Sur les trottoirs, le va-et-vient bruyant et continu d'une foule bigarrée : riches colons, en des tenues un peu négligées, comme il convient dans les pays chauds; Espagnols, à la tête enroulée d'un crasseux foulard noir et recouverte du large sombrero; loqueteux arabes ou marocains; juifs lourdement enturbannés, en culottes mauresques et paletots européens; spahis et légionnaires. Tout se mêle, se coudoie, s'interpelle bruyamment, absorbe des bocks ou des apéritifs aux terrasses des cafés ou bien des « estancos ».

De ravissantes « pépètes (1) », à l'œil noir provocant, des Européennes élégantes et parfumées, — même un peu trop, — toutes coquettes et gracieuses, en leurs toilettes de nuance claire, si pleines de fraîcheur.

En somme, Bel-Abbès est une ville où l'on peut ne pas s'ennuyer. Même ne venant pas, comme nous, du Sud, on s'y plairait.

Je m'y ennuie.

Rien ne porte à l'ennui comme le séjour dans une garnison où l'on sait ne devoir rester que très peu de temps; pas assez pour défaire ses malles et installer son « home ».

Et ne pouvoir jouir d'aucune distraction n'est pas gai non plus. Les occasions de s'a-

---

(1) Les « pépètes » sont les petites Espagnoles. Féminin de « Pépès », nom sous lequel on désigne les Espagnols en Algérie.

muser s'offrent, tentantes; mais mon devoir me défend d'en profiter.

Mes occupations militaires ou autres m'empêcheront de trop souffrir de cette période d'attente.

Pendant mon séjour dans le Sud, j'ai fait quelques excursions intéressantes. Je coordonne en ce moment les notes prises en ces voyages.

Les soirées me sembleraient longues si je n'avais que mes interminables promenades à travers la ville et les faubourgs. Heureusement, j'ai souvent mieux : les concerts de la légion.

Assis sous les grands arbres du cercle, l'oreille agréablement bercée, la vue égayée par de jolies femmes en fraîche toilette, j'oublie aisément mes misères. Je rêve que je suis toujours là-bas, en France; rien ne s'est passé d'anormal dans ma vie : la dame de pique et l'opposition judiciaire me sont également inconnues...

11 juillet. — Permutation accordée. Demain soir, départ pour Blad-Tafna, avec arrêt de vingt-quatre heures à Tlemcen, que je ne connais pas.

Tlemcen, 13 juillet. — L'animation de Bel-Abbès m'étonnait ; le calme de Tlemcen me charme.

Cette vieille ville arabe est restée figée dans son existence d'autrefois, — une momie dont les bandelettes n'ont pas endommagé les lignes.

Ses vieilles mosquées, les grands murs de son Mechouar, et jusqu'à l'apparence un peu mélancolique que donne à ses jardins le feuillage sombre de l'olivier, la revêtent d'une apparence de tombeau.

Des villes de ce pays, Aïn-Mahdi déjà m'avait laissé une impression à peu près analogue de ville morte.

Dans les cours des mosquées le silence n'est troublé que par le bruit monotone de l'eau qui tombe, emplissant les piscines où de grandes ombres blanches viennent faire leurs ablutions.

D'autres ombres, à l'intérieur, glissent silencieusement sur les nattes, ou bien se tiennent accroupies extatiques devant le « Maghreb ».

Dans les quartiers arabes, des écoles seulement sort quelque bruit, le nasillement des enfants qui épellent le Khoran.

En silence travaillent les tisseurs de laine et les brodeurs d'or.

Rien de plus gracieusement vivant dans cette mort, que toutes les fillettes arabes qui trottinent par les rues.

Leurs petits bras nus, ou seulement recouverts, dans le haut, d'une dentelle légère, sortent d'une longue jupe de cotonnade peinte drapant leur corps gracile ; leurs cheveux, teints de ce roux si chaud que donne le henné, encadrent une petite figure à la peau dorée, jolie souvent, mignonne toujours. Tandis qu'elles courent pieds nus, s'agitent les pièces d'argent de leurs ornements d'oreille et leurs bracelets de filigrane...

Obsédante m'est revenue, dans l'après-midi, l'impression mélancolique du matin.

De partout elle se dégageait : des pierres du cimetière arabe ; des jardins pleins d'ombre et de silence ; des femmes rencontrées, blancs fantômes en qui ne vivait que la flamme de l'œil deviné plutôt que vu ; de toutes les ruines enfin, accumulées sur la route que je suivais pour me rendre à Sidi-Bou-Medine.

Les arceaux capricieusement fouillés du portail de cette mosquée, le tombeau avec ses belles faïences et ses étendards ; aussi la langue parlée autour de moi me faisaient revivre en un passé lointain.

Quelqu'un m'ayant tiré par le bras, il m'a fallu un effort pour sortir de mon rêve, et comprendre que le gardien me priait de l'aider à manœuvrer le seau du puits pour faire boire à des pèlerins l'eau miraculeuse.

Il m'a remercié, puis, se baissant, a ramassé auprès du tombeau une poignée d'argile rouge et me l'a offerte, disant :

— Prends ; désormais vous n'aurez plus, toi et les tiens, que du bonheur.

— Grand merci, c'est bien ce qu'il me faudrait.

Au galop de ses maigres rosses, mon cocher, un juif de Tlemcen, m'a conduit aux cascades d'El-Ourit.

Par une dizaine de chutes, produites par autant de ressauts des flancs de la montagne, tombe une jolie eau claire, verte et pleine de fraîcheur. D'une chute à l'autre, tantôt elle coule au grand jour, tantôt elle serpente cachée sous les lauriers et les figuiers.

La voie ferrée tache ce gracieux paysage des arches de son viaduc qui le traverse à demi-hauteur.

Tous les dimanches, un train de plaisir amène aux cascades les amateurs de campagne.

Des papiers graisseux, des arbres abîmés, marquent les traces de leur passage.

Ne serait-ce pas un peu pour cela que ceux de Tlemcen ont appelé leurs jardins le « bois de Boulogne » ?

Malgré l'invitation intéressée du cocher, je ne suis pas allé voir Mansourah, la rivale en ruines de Tlemcen. Je l'admirerai cette nuit, en la traversant. Plus fantastiques sous les clartés lunaires, et plus suggestives, m'apparaîtront ses murailles et sa tour.

BLAD-TAFNA.

14 juillet. — Je n'ai pas vu Mansourah. A peine en voiture, je m'endormais pour ne me réveiller que ce matin, alors que nous arrivions à Lalla-Maghrnia.

Bien que ce fût de très bonne heure, déjà se réunissaient les troupes pour la revue.

Mon escadron arrivait. Je suis allé serrer la main aux nouveaux camarades et me présenter au capitaine.

Après m'avoir souhaité la bienvenue :

— Nous déjeunons ce matin chez le commandant supérieur. Je ne pourrai donc rentrer que vers deux heures. Si vous ne tenez pas à rester à la ville jusqu'à demain, venez me prendre; je serai très heureux de vous avoir pour compagnon de route.

— Entendu pour deux heures, mon capitaine.

A l'heure dite, nous nous mettions en route pour Blad-Tafna.

Au sortir de Marnia, le chemin longe l'Oued-Ourdefou, dont le lit s'étend au loin, devant nous, en une large traînée de verdure dans laquelle serpente une eau brillante.

Sauf une grosse ferme sur la rive droite, le pays est pierreux, aride et brûlé par le soleil. Sur les montagnes, des oliviers sauvages en assez grand nombre tranchent seuls de leur feuillage sombre sur l'aspect monotone et uniforme du sol.

Brusquement nous tournons à droite et traversons la rivière.

Un col à passer, d'accès assez raide, puis une gorge sauvage, et nous débouchons sur un grand plateau.

« Notre terrain de manœuvres », me dit le capitaine, qui veut bien être mon cicerone.

Le fond d'un cirque dont des montagnes forment les gradins.

A gauche, sur une pente douce, descendent les tentes du douar des spahis.

Devant nous, au fond d'une large coupure, le lit de la Mouïlah.

Nous tournons à droite, et voyons paraître, les unes après les autres, toutes les constructions.

C'est d'abord, là-bas, dans ce coin éloigné du terrain de manœuvres, tel que la croix en un cimetière de chrétiens, le marabout auprès duquel dorment les morts de la smaala, attendant que Mohammed vienne les saisir par la barbe ou bien par la longue touffe de cheveux occipitale, pour les jeter entre les bras des houris célestes.

Puis les habitations des officiers indigènes, maisons arabes échelonnées du cimetière jusqu'au bordj (1), que nous commençons d'apercevoir.

Nous passons devant le « café maure » et la boutique du « Juif de la Smaala », — l'auberge et l'épicerie du village.

Enfin, avançant entre une des faces bastionnées du bordj et le jardin potager, grand et verdoyant enclos que sépare de la route un élégant lattis de roseaux, nous tournons à droite une dernière fois.

Voici la façade. Devant la porte grande ou verte, une terrasse ombragée par les arbres du « jardin anglais ». Une longue allée de très hauts platanes, l'« avenue du château », qui sépare les deux jardins, y aboutit.

L'impression, à l'arrivée, est charmante, toute de fraîcheur et d'ombre.

Nous entrons. Des spahis se précipitent pour prendre les chevaux.

(1) *Bordj*, fort, maison fortifiée.

Après avoir mis pied à terre, le capitaine, en quelques mots, m'indique l' « état des lieux », — style militaire.

Le bordj est un bâtiment rectangulaire flanqué aux quatre angles par des bastions crénelés. Sur chacune des faces s'élève un pavillon. A droite, ce sont les chambres des sous-officiers et des Français, les ateliers des ouvriers, la cantine. En face, le logement du capitaine en second, les chambres des hôtes, l'école et le magasin d'habillement. Au-dessus de la porte d'entrée, le bureau et les chambres des comptables. A gauche, les logements du capitaine commandant, des lieutenants français, et la *popote* des officiers.

Les quatre pavillons sont reliés par des écuries-hangars.

Le pansage finissait. Les indigènes lentement s'en allaient, la musette au bras, du côté du café maure ou du douar.

Les Français, réunis près de la porte, accrochaient des lanternes vénitiennes autour d'un grand R F garni de lampions ou bien dans les arbres du jardin anglais.

Il s'agissait de fêter le 14 juillet.

Les préparatifs ne manquaient pas d'une certaine animation, évoquant sans doute chez les hommes des souvenirs du pays.

Après dîner, il y a eu bal. Jusqu'à dix heures, un orchestre, qui avait surtout le mérite de la bonne volonté, a fait tourner ces braves gens heureux d'une diversion à leurs habitudes.

..... Je me sens envahi, en ce moment, par une sensation délicieuse et inusitée de calme et de paix intime.

Mes instincts de solitude aussi bien que mes obligations d'économie trouveront, j'en suis sûr, aisément à se satisfaire ici.

De prime abord mon couvent me plaît. Il ne me reste plus qu'à prononcer les trois vœux : chasteté, obéissance et pauvreté.

Et maintenant : « Mon frère, il faut... dormir ! »

15 juillet. — J'avais hâte de visiter ma nouvelle résidence. De grand matin je descendais l'avenue, entre sa double rangée de platanes alignés le long de séguias dont les eaux dévalaient rapides et bruyantes.

Les jardins dépassés, j'entrais en de délicieux vergers, plantés à profusion d'oliviers et d'arbres chargés de fruits.

Je marchais dans une haute luzerne. Devant moi de légères vapeurs montaient, qui laissaient, en s'envolant, des lambeaux de fine dentelle bientôt évanouis, accrochés aux branches.

Le soleil, qui commençait à dépasser les hauteurs voisines, faisait scintiller les gouttelettes de rosée qui pendaient à tous les brins d'herbe.

J'atteignais l'oued Mouïlah, ceinture de ces vergers et des jardins.

Tandis que sa rive opposée, abrupte et sauvage, est dominée par de broussailleuses falaises ou par de menaçants rochers à pic, celle-ci, en pente très douce, va se terminer sous les buissons de lauriers piqués de leurs grappes roses et sous les tamarins au feuillage finement découpé, — rideau épais derrière lequel la coquette nymphe prend ses ébats sans crainte d'être aperçue, trahie seulement par la plainte des cailloux qu'elle entraîne.

En ma promenade matinale, j'oubliais bientôt la réalité. Des rêveries m'assaillaient et me trouvaient tout disposé à les accueillir. Rêver est doux à ceux pour qui la vie est cruelle.

N'étais-je pas un châtelain laborieux, visitant ses propriétés avant de distribuer la besogne quotidienne? Sans bruit, pour ne pas la réveiller, j'avais quitté ma femme, baisant doucement sa mignonne frimousse encadrée de cheveux roux, et je souriais à l'idée de la revoir tout à l'heure, la chère aimée, encore tout alanguie de sommeil.

Une femme? Seigneur! Et mes vœux? Châtelain? Non pas, mais moine! Et ces jardins? Ceux du couvent! Il y a tant de charme à prier, le matin, en ce merveilleux cadre. Laudes et Matines viennent aux lèvres plus sincères pour louer Celui qui a créé de si belles choses.

Doucement, mon livre s'était refermé; ma pensée s'en était allée bien loin, vers tout ce que j'aime...

Mais voici que l'on marchait tout près de moi, derrière ces figuiers, — le Père supérieur, sans doute, qui allait me surprendre en flagrant délit de rêve... « *Laudetur Christus!* mon révérend Père! »

Non, c'était le capitaine, en veste de chasse et souliers ferrés, qui, m'ayant aperçu, venait à moi la main tendue.

Du coup, mes rêves s'envolaient à tired'aile. Je me ressaisis rapidement, songeant que cette rencontre venait à point : je l'avais souhaitée. J'emboîtai le pas au capitaine, décidé à lui faire ma confession. J'aime les situations franches, et, d'autre part, à quoi bon me cacher d'un homme qui forcément saura la vérité un jour ou l'autre ?

J'ai donc parlé ; j'ai dit mon passé, affirmé mes résolutions, laissé entrevoir mes espérances.

Mon histoire ne l'a pas surpris ; il la savait, — en gros, — par le colonel.

Il s'est montré sensible à ma confiance et me l'a prouvé par des paroles pleines d'intérêt et de bonté, dont je lui garde une vive reconnaissance.

16 juillet. — Mon régiment se compose d'escadrons de gens mariés ou escadrons de smaala, et d'escadrons de célibataires ou escadrons de marche.

Le cadre français comprend les sous-officiers, brigadiers, élèves brigadiers, ordonnances, trompettes et ouvriers, — une trentaine en tout, — engagés directement ou envoyés par les régiments de France.

Tout le reste est indigène et habite le douar.

Le recrutement des indigènes se fait par des engagements volontaires pour une durée de quatre ans, ou par des rengagements.

Lorsqu'il y a quelques places vacantes, m'a expliqué Lecardinal, le capitaine le fait annoncer par ses spahis dans les tribus voisines.

Bientôt arrivent les candidats, en plus grand nombre toujours qu'il n'est nécessaire, surtout dans les années de misère.

Parmi eux, un premier triage est fait : on ne proposera au général que ceux qui ont une tente. On n'accepte aussi qu'avec quelque difficulté les célibataires, maudite engeance qui jetterait le trouble dans les ménages du douar, encore faut-il qu'ils promettent de se marier sans retard, sous peine d'être expédiés sur un escadron de marche, — perspective qui, généralement, ne leur sourit pas beaucoup.

Pour les renseignements personnels, on s'adresse au Bureau arabe, qui délivre des certificats de bonne vie et mœurs, s'il y a lieu. Il ne faut pas, du reste, être trop exigeant sous ce rapport : un assassinat proprement fait, ou bien un joli petit vol convenablement exécuté, n'entachent nullement l'honorabilité d'un Arabe, — au contraire.

Toutes les pièces prêtes, on les expédie au général de division, qui décide s'il y a lieu ou non d'engager.

A l'incorporation, le spahi reçoit une masse pour s'habiller, s'équiper et se monter. S'il amène son cheval, l'État le lui rembourse.

En outre, il a le droit, — et ceci est particulier aux smaalas, — de cultiver un ou plusieurs lots de terrain.

Il est, à cet effet, constitué à chaque smaala

une dotation territoriale. Elle est ici de sept cents hectares.

Les exigences du métier, et surtout sa propre dignité ne permettant pas au spahi d'être laboureur en même temps que soldat, la loi l'autorise à employer des serviteurs, — khammès, — qu'il se lie par des conventions spéciales. Ces khammès sont le plus souvent des membres de sa famille.

Enfin, le spahi peut avoir des troupeaux. Il ne paye ni l'impôt pour les terres, ni l'impôt pour les troupeaux — achour et zekkat.

La solde aussi n'est pas à dédaigner. Assez faible pendant les trois premières années, elle est sensiblement augmentée dès la quatrième année de service.

Le simple spahi touche alors 1 fr. 59 cent. par jour. Il est vrai qu'il se nourrit lui-même.

Quelques-uns, — les économes, — se font un pécule avec lequel ils achètent des terres hors de la smaala. Venus avec des tentes de

« mesquines », ils en remplacent les nattes pourries par de beaux « flijs » en poil de chèvre, et même finissent parfois par avoir la grande tente, — khaïma k'bira, — le rêve de tout Arabe qui se respecte.

Tous ces avantages sont suffisants pour assurer le recrutement nécessaire.

Le mélange de Français et d'indigènes se retrouve naturellement dans le cadre d'officiers.

Outre le capitaine commandant, — toujours Français, — et le capitaine en second, — généralement employé dans les remontes ou aux conseils de guerre, — il y a, par escadron, deux officiers français et trois indigènes, ou trois français et deux indigènes.

L'ami Lecardinal et moi représentons ici le cadre français; Berber, Mohamed et Abd-el-Kader forment le cadre indigène.

Ce chiffre imposant de cinq lieutenants ou sous-lieutenants est un leurre. En réalité nous ne sommes que quatre, l'un de nous étant détaché au poste d'Adjeroud à la frontière nord du Maroc (1).

Les officiers indigènes, mariés tous trois, vivent chez eux. Nos rapports avec eux sont affectueux, mais assez rares en dehors du service.

Quant à nous trois, nous vivons en « popote ». Une vraie vie de ménage, — ménage à deux, ou ménage à trois, suivant que l'un de nous est ou non détaché, — une vie qui doit être intenable si l'on n'est pas sous le régime des concessions réciproques.

En ce moment, à cause de la chaleur, nous ne prenons que le repas du matin à la salle à manger. C'est une grande pièce aux murs peints en vieux chêne, avec, dans tous les coins, des dépouilles d'oiseaux, souvenirs

---

(1) La loi des cadres, votée au mois de juillet 1893, a supprimé un officier par escadron, en même temps qu'un escadron par régiment.

d'heureux coups de fusil. Sur un panneau central, s'étale une grande fresque, œuvre d'un brigadier d'il y a quarante ans, — tout notre musée : *la Bataille d'Isly*. Vu de loin, cela produit un certain effet. Du coloris, si pas de dessin. Mais, de près, des détails invraisemblables.

Nous dînons le soir, dans un jardinet, devant notre pavillon.

Rien de délassant, après une chaude journée, comme la fraîcheur que l'on y trouve souvent, — pas toujours : le thermomètre, qui marquait aujourd'hui 47° à l'ombre, à midi, grâce à un brûlant siroco, en constatait encore 38° à huit heures du soir.

Pendant le dîner, grand calme, silence profond. Les Français sont allés chercher un peu d'air au Jardin anglais.

Pas d'autre bruit que, de temps en temps, un « aouguef (1) » de garde-écurie, ou bien le

---

(1) *Aouguef*, arrête-toi ! l'équivalent de notre holà !

hennissement d'un cheval qui, flairé de trop près par son voisin, lui décoche une ruade.

Le château de la Belle au bois dormant.

A neuf heures, la trompette égrène les notes de l'appel.

Une apparence de vie renaît et de mouvement. Les hommes rentrent, parlant à mi-voix, et montent dans leur chambre.

Quelques clartés s'allument, piquant de points brillants le trou noir des fenêtres; puis, bientôt, tout retombe dans le silence et l'obscurité.

Du lointain, seulement, nous viennent, affaiblis, les cris des chiens du douar; plus près, dans les jardins, leur répond parfois le miaulement d'un chat sauvage ou l'aboiement d'un chacal.

Une dernière goutte d'*administratif*, un tour du côté du café maure, le temps de finir sa pipe ou de fumer encore une cigarette. Et puis, bonsoir! chacun rentre chez soi.

Tous les soirs ainsi se ressemblent, pleins du même calme et d'un isolement semblable.

17 juillet. — Encore le siroco. A cinq heures du matin, 32°; à midi, 46°; à huit heures du soir, 36°. Il devrait pourtant nous venir un peu de fraîcheur de nos trois rivières, — Ouerdefou, Mouïlah et Tafna. — De la Tafna, surtout, dont la vallée est rafraîchie dans la journée par la brise de mer.

C'est pour cela que mes promenades à cheval sont dirigées de préférence le long de ses rives.

Pour cela et aussi parce qu'elle est si jolie, cette Tafna, si coquette et si capricieuse.

Tantôt elle se hâte, en vraie folle, courant sans prendre seulement la peine de s'étendre, entraînant avec violence les pierres sur sa pente rapide. Puis soudain elle se calme, ralentit sa course et, s'élargissant, forme un lac uni dont la surface à peine frissonnante réfléchit, près des bords, quelque bois de tamarins ou de lauriers, — vrai paysage à la Corot où l'air circule, et qui est plein d'oppositions heureuses d'ombre et de lumière...

Précieuse ressource que ces eaux, en un pays comme l'Algérie où l'eau est tout, où selon qu'elle existe ou manque il y a abondance ou disette. Mais aussi, cause de combien de fièvres et de maux ! De juin à octobre, nos Français sont sujets à de violents accès de paludisme. Il leur suffit, il est vrai, — cette année, du moins, — de passer quelques jours à l'hôpital de Marnia (1) pour être guéris. Il n'en est pas malheureusement toujours ainsi.

Les indigènes aussi sont tributaires de la fièvre. Il en est bien, parmi eux, qui se font « porti marades », parce qu'il n'y a pas de médecin à la smaala — le « tebib » ne vient qu'une fois chaque semaine — et qu'ils savent

---

(1) Marnia, orthographe française de *Lalla Maghrnia*.

qu'on ne le fait chercher que dans les cas graves. « Caroutti b'zzaf ! » font en souriant leurs camarades, lorsqu'ils les voient passer. Mais, par contre, il en est d'autres qui sont sérieusement touchés.

La « visite » vient de sonner.

Dans tous les coins du jardin anglais se lèvent de grandes ombres dolentes.

Pénitents rouges qu'enveloppe leur burnous comme un froc, ils s'avancent lentement, très lentement, la figure presque cachée par le capuchon, les bras croisés sur la poitrine, les mains retenant les pans du manteau.

Le défilé des moines de la *Favorite;* on se surprend à fredonner : « Pieux monastère... »

L'eau est-elle bien vraiment la cause de ces fièvres, qui présentent rarement leur caractère bénin de cette année ?

On a beaucoup discuté là-dessus.

« Ce n'est pas l'eau, prétend Lecardinal, puisque, en toute saison, j'ai passé de longues heures à pêcher dans la Tafna, sans qu'il me soit jamais rien arrivé ! »

Ce qui est incontestable, c'est que d'autres raisons s'ajoutent à celle de l'eau : mauvaise nourriture chez les Arabes ; trop grande jeunesse chez les Français — les hommes faits sont rarement atteints, — et aussi imprudences, inobservation des règles élémentaires d'hygiène chez les uns et les autres.

Le remède ? On va nous l'appliquer d'ici peu, en nous envoyant camper sur le plateau de Tamadz, — à quinze cents mètres du bordj.

Satisfaction platonique, disent les uns, donnée à la Faculté. « Cela n'empêche pas les fièvres et augmente les fatigues de l'été... »

Mais on dit tant de choses !

18 juillet. — Discussion de mon budget. Dans ce procès-verbal de la séance, le rapporteur a supprimé les injures qu'il s'est adressées.

Le déficit se compose d'obligations envers :

1º Des camarades de jeu ou des amis ;

2º Des fournisseurs ;

3º Des usuriers, Juifs ou... assimilés.

Énumération dans l'ordre logique du remboursement. Malheureusement, par la force des choses, les derniers sont devenus les premiers.

L'un d'eux a eu recours à l'opposition judiciaire. Ci un cinquième de la solde supprimé chaque mois.

Un second a exigé une forte mensualité garantie par maman, que je n'ai pas le droit de mettre en de nouveaux embarras.

Les autres, de cette catégorie, me talonnent tellement, que je suis obligé de leur abandonner le peu dont je puis encore disposer.

J'ai écrit franchement la situation à mes amis, eux par qui je voulais et devais commencer. J'espère qu'ils me pardonneront de ne pas pouvoir songer à eux tout d'abord.

19 juillet. — Vous ne connaissez pas le cinquième peloton ?

— Le cinquième peloton ? Vous voulez rire, Lecardinal ?

— Du tout. Il y a ici un cinquième peloton, mais il ne figure sur aucun contrôle. Tenez, en voici précisément l'adjudant.

Et il me montrait du doigt Bigre, qui prenait son bain dans une vieille gamelle de campement. Bigre, une mouette cendrée rapportée toute jeune, il y a des années, par un détachement revenant d'Adjeroud.

Drôlement l'oiseau secouait son bec dans l'eau, puis, fléchissant sur les pattes, frottait par terre son ventre et son jabot gris, en battant des ailes et en poussant de petits cris de plaisir.

« L'action réflexe : il se croit à la mer ! »

Mais Lecardinal tire un moineau. Pan ! Au coup de fusil : « Bigrrre ! » fait la mouette, se précipitant claudicante, — car elle a eu la patte cassée, et en est restée boiteuse, — au-devant du moineau qui tombe, assez vite encore pour pouvoir le happer avant qu'il touche terre.

Floc! Plus rien qu'une saillie à son jabot. Un second moineau passe par la même voie; un troisième encore va suivre... lorsque, plus vite qu'il n'était venu, Bigre s'est enfui sans rien dire, laissant par terre la bestiole dont s'empare son ennemi « M. Vautour », l'objet, pour lui, d'une terreur qui n'est que trop justifiée.

Bigre, tout seul, avant l'arrivée du vautour, commandait le cinquième peloton.

Toujours prêt le premier, lorsque l'escadron montait à cheval, il ne manquait pas un départ, l' « adjudant », ainsi que le désignaient les hommes.

Perché sur une patte, il semblait attendre gravement le traditionnel « Il ne manque personne! » du maréchal des logis chef.

Et voici que son autorité décline : l'adjudant Bigre cède le pas à l'adjudant Vautour. On en rit. N'est-ce pas la vie ?...

Des adjudants, passons à la troupe.

Dans une écurie écartée, — l'écurie du cinquième peloton, — une douzaine de chameaux accroupis, coupant leur perpétuel ruminement de beuglements plaintifs et traînants. Chef de l'escouade : Bou Zian, le gardien vigilant de la vertu des chamelles, dont il écarte brutalement tout ce qui fait mine d'approcher : seul il veut être maître au sérail.

Une jeune chamelle blanche, une « maraboute », l'enfant gâtée des spahis, tend vers nous sa petite tête, pour quémander une gourmandise ou une caresse.

Rudes et précieux serviteurs, tous ceux-là, — nos voitures régimentaires, à nous, — aussi traités avec soin, et bien injustement l'objet des plaisanteries grossières et des sottes comparaisons de nos Français.

Familiers avec leurs grands voisins les chameaux, quelques moutons — trois ou quatre — circulent en bêlant au milieu d'eux. Leur brigadier d'escouade, un vieux bélier à cornes enroulées en longues volutes, les surveille de près. Ils sont la propriété de nos hommes, et ont été destinés par eux aux diffahs générales des jours de fête.

Troisième escouade : la Triple-Alliance. Leur logement, creusé hors du bordj, dans un des flancs du ravin de Tamadz, est vide pour le moment. Les trois amis ne sont pas loin pourtant, à en juger par des grognements que l'on entend : la Triplice déjeune en ce moment de racines et d'oignons sauvages...

20 juillet. — Depuis deux jours nous vivons dans un cercle de feux, — des feux gigantesques qui illuminent terriblement l'horizon, la nuit.

Ce n'est rien, ce sont les forêts de l'État qui brûlent.

Qui allume ces incendies? Le sait-on?

Un passant a peut-être jeté un bout de cigarette dans la brousse sèche, le siroco a fait le reste; ou bien ne serait-ce pas quelque croyant fanatique qui proteste à sa façon contre la domination de l'infidèle?

Que ce soit « imprudence ou malveillance » — cliché connu, — voilà en trois jours détruite l'œuvre de trente ans.

21 juillet. — Le brigadier Bel Kheir Bou Zian était garde champêtre — « grand champitre » — de notre territoire, mais le brigadier Bel Kheir est remplacé.

Que dans sa tente on ait toujours mangé les primeurs de la saison et les fruits les plus savoureux, il n'y avait, mon Dieu! pas grand'-chose à dire : ne faut-il pas faire la part du feu?

Qu'il ait toujours offert à sa famille et aux familles de ses amis les plus gros de nos citrons, — les fameux citrons de Blad-Tafna, si avantageusement connus des camarades de la région pour leur saveur exquise, — on pouvait encore fermer les yeux : un autre eût fait comme lui ! Mais il avait aussi, depuis quelque temps, la consigne de veiller à ce qu'aucun troupeau n'entrât dans la luzerne, dessert savoureux réservé aux chevaux de l'escadron.

Bel Kheir Bou Zian fidèlement en chassait les troupeaux des camarades, mais il y menait ses vaches.

Serait-ce la peine d'être garde champêtre si l'on ne devait pas faire profiter les siens de cette situation ?

Malgré ce raisonnement qui ne manque pas de logique, Bel Kheir, sur les planches de la prison, déplore amèrement sa maladresse : il était si facile de ne pas se faire pincer !

Une leçon pour son successeur, — qui sera plus prudent.

23 juillet. — « Si l'intérêt du service demande que la discipline soit ferme, il veut en même temps qu'elle soit paternelle. »

Une phrase du règlement qu'on est à même de mettre en pratique ici.

Chez les spahis de smaala, plus encore que chez les célibataires des escadrons de marche, les rapports entre l'officier et ses hommes sont empreints de paternité.

Dans une tente, la seule autorité est celle du chef de famille, du père « Baba »; hors de la tente, c'est aussi celle qui présente au plus haut degré la réunion des idées de justice et de bonté.

Il se fait, dans l'esprit de nos hommes, une sorte d'assimilation de notre autorité avec celle-là. « Tu es mon père! » est leur formule habituelle envers nous, surtout, il faut l'avouer, — car toute démarche, toute action d'un Arabe est intéressée, — lorsqu'ils ont quelque faveur à nous demander.

« Rani babakoum! — Je suis votre père », leur

dit le colonel. Et cette déclaration est tout à fait de leur goût.

De là, chez eux, une forme de salut particulier. D'abord le salut militaire correct; puis un : « Sbah el kheir ! » bonjour, mon lieutenant! Bonsoir, mon lieutenant!

Peut-être cela choque-t-il un peu au début; mais on s'y habitue. D'autres peuples ont des coutumes analogues. N'est-ce pas par un : « Bonjour, père ! » que les soldats russes saluent l'arrivée d'un officier?

26 juillet. — Pour être au couvent, on n'en est pas forcément cloîtré. Des échos du monde m'arrivent jusque dans ma solitude; — pas toujours des échos de fête.

Un fournisseur intraitable m'a réclamé quelque argent. C'était peu, moins que rien, — mais encore comment le trouver?

Après des hésitations, j'ai eu recours au capitaine.

Il m'a bien aidé, mais pas autant que je le désirais. Et comme je me récriais : « Ne vous fâchez pas, m'a-t-il dit, j'agis ainsi par ordre du colonel, qui veut vous mettre en garde contre vous-même et contre des tentations possibles : il veut vous guérir. »

Combien cruelle était la leçon ! J'aurais voulu pouvoir, dédaigneux, refuser. Après une lutte intérieure d'un moment, j'ai accepté : ce sera toujours de quoi faire patienter mon créancier.

Il faut prendre mon parti de telles humiliations et de pareilles blessures d'amour-propre !

28 juillet. — Le Khoran permet à tout musulman d'épouser jusqu'à quatre femmes s'il peut les nourrir.

La curiosité m'a pris de savoir s'il y avait de ces heureux pachas à Blad-Tafna.

Quatre femmes ? Avec leur solde ? Le colonel, moins large que le Prophète, ne leur en permet pas même deux. Une seule exception à cette règle. Abdelkader-Ould-Lakdar; mais il avait ses deux femmes avant de s'engager; elles sont toutes deux laides et vieilles, mais très laborieuses, ce qui est une compensation.

Le rêve serait, pour eux tous, d'avoir une vieille pour travailler, et une jeune pour... aimer et avoir des enfants...

— Oui, et la facilité de changer la jeune sitôt qu'elle cesserait de plaire. Connu. Pas bêtes, les spahis!

1ᵉʳ août. — Cherché la solde à Marnia.

Marnia, ou plus correctement Lalla Maghrnia, du nom de sa marraine, une sainte musulmane, dont le tombeau, très vénéré, s'élève derrière la redoute.

Formé un peu comme tous les villages en territoire militaire.

Quelques Européens se groupent à l'abri

d'une redoute, qui devient leur refuge en cas d'insurrection, et dont la garnison est d'abord leur unique raison d'être.

Le génie leur bâtit une église; en face, — il ne faut mécontenter personne, — une mosquée pour le village arabe. Eux, s'offrent le luxe d'une mairie et d'une maison Tellier. Et voilà un poste militaire créé.

La redoute, construite sur un mamelon, renferme les bâtiments militaires.

Aboutissant à la porte principale, une droite et large avenue plantée d'arbres qui n'ont pas encore eu le temps de pousser, — la grand'rue.

De chaque côté, parallèles et symétriques, quelques rues plus étroites reliées par des coupures perpendiculaires. Au delà, quelques constructions basses, juives ou arabes :

Tel est Marnia, — sous les Romains : *Numerus Syrorum*, — alors, comme aujourd'hui, poste militaire, chargé maintenant de garder la frontière en face d'Oudjda.

Est aussi un très important marché, où les Marocains viennent échanger leurs grains, leurs laines et leurs moutons contre nos douros et nos produits manufacturés.

Distractions habituelles : Néant.

Je ne pense pas retourner souvent à Marnia.

3 août. — Cinq heures du matin. Depuis longtemps déjà, le spahi, très matinal, est assis au café maure, absorbant le kahoua brûlant.

Le trompette de garde vient de sonner la diane à mi-chemin du douar.

Lentement, chacun hume la dernière goutte de café, tire à regret deux sous de sa poche, les donne au kahouadji, va chausser les souliers laissés dehors, et, toujours lent, la musette de pansage sous le bras, entre au quartier faire la corvée de litière.

— Sbah el kheir, mon lieutenant ! font-ils tous en me croisant.

— Bonjour! bonjour!

Au douar : la femme relève les bords de la tente abaissés pour la nuit, roule contre le mât central les nattes et les tapis sur lesquels on a dormi, trait les bêtes, — vaches, brebis et chèvres, — et les chasse hors de l'enceinte où elles ont passé la nuit, — une petite cour circulaire ménagée entre la tente et une haie d'épines qui l'entoure, haute et infranchissable.

Les petits bergers, tous fils ou parents des khammès (1), emmènent dans toutes les directions les troupeaux de chèvres et de moutons, les guidant par des cris inarticulés et les tenant groupés surtout à l'aide de chiens aux oreilles et au museau pointus, qui enfoncent leurs crocs dans les toisons des retardataires.

Le gardien des vaches, ben Salem ould

---

(1) Le khammès laboure et cultive moyennant le cinquième de la récolte.

Ouassini, sort du café maure à son tour, et, sans se hâter, va vers le milieu du terrain de manœuvre.

Les femmes, qui l'ont aperçu, lui amènent veaux et laitières. A tour de rôle elles lui donnent aussi chaque matin la galette de pain dont il fera son déjeuner.

Car il est convenu qu'ainsi chaque tente le nourrira. En outre, à la fin du mois, il recevra dix sous par bête gardée.

A ce métier-là B'Sâlem nourri, B'Sâlem qui ne déploie pas un grand luxe de vêtements, devrait être riche. Mais il y a tant de mauvais payeurs! Et bien souvent B'Sâlem en est réduit à se faire payer par les femmes en nature, ce qui ne remplit pas l'escarcelle.

Le troupeau réuni est emmené dans la montagne.

De retour chez elle, la femme achève de tout ranger, puis balaye les abords de la tente, les marsoujis (1) chefs de groupe ne plaisantant pas avec la propreté du douar. D'un claquement de langue elle appelle le bourriquot qui gambade, le bâte, et, jetant dans le « choiri » les peaux de bouc flasques et dégonflées : « Arria ! arria ! » En route ! vers la rivière ou la seguia pour puiser l'eau de la journée !

Comme ses maîtres, l'âne marche sans se presser, suivi de près par la ménagère qui, un bâton d'une main, une gamelle en fer battu de l'autre, s'avance, le plus petit de ses enfants à cheval sur ses reins, et soutenu par un pan d'étoffe, les autres trottinant contre ses jupes.

« Châ ! châ ! » c'est ici. Déjà quelques voisines sont arrivées. Tout en remplissant les outres, on fait la « djema », l'assemblée ; on bavarde, on se conte les cancans de la nuit, et l'on élabore les médisances du jour.

---

(1) Marsoujis, maréchaux des logis.

Jeune, on a un amant ; vieille, on s'intéresse à celui de sa fille. L'amant, fond inépuisable de ces commérages, l'amant, ses prouesses et ses générosités, dont le récit fait crever les autres de jalousie.

Il est temps de rentrer. Ensemble elles s'en retournent. Et de loin, vraiment, elles ne manquent pas de grâce, dans le balancement souple et tout féminin de leurs hanches, sous les draperies amples de leur costume, la taille à peine indiquée par la ceinture de laine un peu lâche dont les bouts retombent en grappes de pompons.

De près, combien grande est souvent la désillusion, en face des figures fripées des vieilles, à la vue de la malpropreté de presque toutes !

— Bojorr, mon lieutenant.

Turkia, — me dit-on, — la femme de Mohamed ould Ali, le porteur d'eau. Son mari va, deux fois le jour, à la source de l'Agha, —

cinq kilomètres, — remplir d'eau les deux tonnelets que porte le mulet de l'escadron. Et la nuit, il chasse le porc-épic. Heureuse Turkia !

— Toi *promini bezzaf,* lieutenant ; *ana sabir*.

— Tu sais que je me promène beaucoup ? Tu m'espionnes alors ?

Elle n'est plus très jeune, et pourtant fort coquette. Très propre, elle est vêtue de la longue jupe rose avec demi-manches de mousseline, et porte, sur la tête, la chechia pointue enroulée d'un foulard de soie.

Les yeux cernés de kohel, les ongles et la paume de la main jaunis au henné, les chevilles et les poignets encerclés de bracelets, elle a des allures très jeunes et semble jolie avec cet air un peu étrange que donnent des fleurettes gravées en bleu foncé sur le front, les ailes du nez, les joues et le menton.

D'autres arrivent : « Bojorr ! » et leurs lèvres s'entr'ouvrant montrent des dents éblouissantes.

Déjà revenues de la tente où elles ont porté les peaux de bouc pleines d'eau, elles s'en vont, en chantonnant, chercher la provision de bois.

Dans deux heures, elles rentreront, geignantes, le dos ployé sous un lourd fagot que bien des fois, pour se reposer, elles auront appuyé sur le bâton qu'elles tiennent à la main, et chargées tellement qu'on les prendrait pour des masses de bois qui marchent et qui se plaignent.

Pauvres êtres dont l'horizon s'étend du mari armé de la matraque dont la peur les fait marcher, à l'amant leur apportant l'argent qui leur permettra la suprême satisfaction des bijoux étalés.

Elles sont rentrées. C'est l'heure de pétrir la galette de pain qui, arrosée d'eau ou de lait, sera le repas du matin.

Puis, tandis que le mari fera la sieste ou montera au travail, la femme ira laver à la rivière.

L'heure du berger, alors ; le moment des rendez-vous avec les étrangers dans les fouillis de lauriers de la Mouilah — « l'Oued Nick ».

Au retour, ce sont les réunions sous la tente, entre amies, les causeries sans fin, tout en travaillant aux ouvrages de femme, burnous, flijs et autres objets de laine.

Après quoi les feux sont allumés pour le repas du soir.

Au sortir du pansage et toute corvée finie, revient le mari affamé.

A nouveau, meuglements et bêlements se rapprochent. Le terrain de manœuvre redevient un parc à bestiaux où les spahis vont, eux-mêmes cette fois avec leurs enfants, pour ne pas distraire la femme des soins du dîner, chercher chacun ses bêtes. Des courses folles commencent, des poursuites comiques au milieu des cris et des rires. Les bourriquots aussi, qui paissaient tranquillement, s'excitent et font des sauts tout à fait grotesques, les pieds de devant liés ensemble par l'entrave.

Enfin le terrain est déblayé, l'animation tombe, le calme se rétablit.

Les chiens du douar eux-mêmes se taisent, reniflant avec recueillement l'odeur du couscouss.

Pauvres chiens, vigilants gardiens, vous qui, infatigables, aboyez toute la nuit aux amoureux ou aux voleurs, ou seulement à la lune, le fumet de ce bon couscouss, ce sera tout votre dîner, à moins que, pour vous, mais bien plus tard, les femmes ne déposent discrètement à quelques pas de la tente les miettes du festin.

Couscouss et galette de pain, lait ou eau : menu habituel de ce repas, le principal de la journée. Maigre chère, la même chez le riche et chez le pauvre, sauf le beurre moins rance et la farine plus fine.

Et la viande? Une fois le mois pour le « mesquine »; tous les jours de prêt pour le rengagé qui a la « masse en avoir ». On se réunit à dix ou douze et on se partage un mouton, — généralement le plus maigre et le moins bien portant d'un troupeau.

Le repas du maître est achevé, puis celui du khammès. C'est le tour des femmes et des enfants, tandis que le seigneur va, au café maure, jouer une tasse de kahoua ou une « barrette » de thé à la « ronda ».

Bien avant dix heures, tout est rentré, tout dort, tout est silencieux. Seul l'éternel aboyeur, le chien du douar, crie, rôde et veille.

5 août. — Le capitaine m'a fait appeler :

« ... Je reçois l'ordre d'envoyer à Mostaganem un officier et douze hommes pour chercher des chevaux au dépôt de remonte. C'est votre tour de marcher. Vous partirez après-demain. En route vous rallierez des détachements de trois autres escadrons... »

Et je vais partir; et ma joie est grande de

revivre sous la tente et de voir des pays que je ne connais point. Une seule chose m'inquiète : je n'aurai pas l'indemnité des troupes en marche, et ma bourse est si plate!

7 septembre. — Rentré ce matin après un mois d'absence.

Mes hommes étaient heureux du retour. Les routes leur sont dures. La solde est, comme on dit, « mangée par les deux bouts ». Le ménage en conserve une grosse part, et il reste si peu de chose pour le voyageur !

Il faut vivre pourtant : des tomates, des concombres et des piments en salade, à moins qu'ils n'aient trouvé à cueillir des figues de Barbarie en route : c'est tout ce qu'ils ont mangé chaque jour. Enfin leurs misères vont finir. Cette pensée les rend tout joyeux, et ils bavardent, intarissables.

Bien avant d'arriver à la Tafna, ils ont reconnu leurs mioches qui font la course au-devant du père. C'est Bou Maïsa qui est arrivé le premier, Bou Maïsa, le fils de Ben-Amar-Bou-Zian, serré de près par les petits camarades. On lui fait une ovation.

Au fur et à mesure qu'ils arrivent tous, vite un salut militaire pour moi, et de courir vers le « bouïa (1) », qui tend les bras pour aider le petit à se hisser sur le cheval. Puis ce sont des cris de joie, des rires, des embrassades.

— Mon lieutenant, tu veux que nous les gardions en croupe?

— Jusqu'à la Mouïlah seulement.

Heureuses gens!

Ce long voyage a été dur à ma pauvre bourse. J'ai réduit, à la fin du mois dernier, la pitance de mes Juifs qui n'en ont pas été ravis. J'ai bien essayé d'obtenir l'indemnité de route en la réclamant au conseil d'administration.

---

(1) *Bouïa*, mon père.

« Pour toucher l'indemnité de route en Algérie, m'a-t-on répondu, il faut être en territoire civil d'une façon définitive, c'est-à-dire n'avoir plus droit à l'indemnité du Sud. Allant à Mostaganem, vous quittiez bien le territoire militaire, mais pas définitivement, puisque vous y retournez. Donc vous n'avez droit qu'à l'indemnité du Sud... »

Dura lex, sed lex. Mais ce règlement est-il vraiment juste (1)?...

Au point de vue purement militaire, je suis enchanté. J'ai appris à connaître mes hommes. Combien plus disciplinés les ai-je trouvés que ceux des escadrons de marche que l'on a joints à mon détachement lorsque j'ai traversé Bel-Abbès! Leur bonne tenue et l'excellent état des chevaux m'ont valu des compliments, monnaie bien creuse, mais avec laquelle nous aimons tant à être payés.

(1) Une décision ministérielle toute récente (1896) a interprété la loi dans un sens plus favorable à l'officier.

10 septembre. — Chère petite sœur, bien-aimée Renée! Je lui avais confié mes embarras de route. Elle s'est émue; elle a trouvé moyen — Dieu sait avec quelle difficulté! — de grappiller sur le budget du ménage de maman, dont elle est chargée, une petite somme qu'elle m'envoie pour l'anniversaire de ma naissance.

Bien sûr que maman était de moitié dans l'affaire, et qu'elles ont dû se priver de bien des douceurs!

Et c'est celles-là que j'ai pu faire souffrir!

12 septembre. — Il est, dans le pays, plusieurs sources d'eaux chaudes.

Quelques-unes sont utilisées : Hammam Cheikh, près de Marnia; Hammam bou Ghrara, à trois kilomètres d'ici, sur la Tafna; enfin Sidi-bel-Kheir, notre établissement de bains, à nous, et, en certains jours réservés, celui des familles de nos indigènes.

Notre piscine est ombragée par quelques

bouquets de palmiers. De grands pistachiers, des oliviers séculaires l'entourent d'une sorte de bois sacré que domine le marabout de Sidi-bel-Kheir, se profilant tout blanc sur le ciel bleu.

Un bois fait pour rêver, à l'ombre, en sortant du bain.

Au bordj, 15 septembre. — Retour de la manœuvre. — On a commandé : « Pied à terre. Repos. » Les hommes ramènent les chevaux à l'écurie, dessellent, bouchonnent.

Pêle-mêle, se pressant, se bousculant, entrent comme une trombe les enfants des spahis amenant les bourriquots.

En un clin d'œil la cour est envahie. Vite le harnachement sur le dos de l'âne, demi-tour au trot, et sortie avec nouvelle bousculade.

Une fillette est dans la mêlée, appuyant contre sa poitrine, de toute la force de ses deux petits bras, le lourd sabre de « bouïa ».

Soudain, poussée, elle perd l'équilibre, ses bras s'entr'ouvrent, et le sabre tombe avec un bruit de ferraille.

Et seule, — tout le tourbillon s'est envolé, — elle reste là, devant le sabre tombé, pleurant, se frottant les yeux de ses deux petits poings.

Et les spahis, s'arrêtant un moment de bouchonner, regardent en souriant, paternels.

16 septembre. Sept heures du soir.

Quatre petits, les fils des gardes d'écurie, apportent chacun une galette de pain et une large coupe de couscouss baignant dans la « merga (1) », placent par terre au milieu de la cour la coupe et, par-dessus, la galette; puis restent auprès, debout, gardant le dîner.

Les gardes d'écurie arrivent, envoient leurs

(1) *Merga*, sauce qu'on verse sur le couscouss, bouillon de mouton très pimenté ou lait.

petits les remplacer dans leur service, et s'assoient en rond autour des mets.

Le plus âgé enfonce une cuiller de bois dans l'un des plats, la porte très pleine à sa bouche grande ouverte, et la passe au voisin. L'unique cuiller fait ainsi le tour jusqu'à ce que tous les couscouss soient engloutis l'un après l'autre.

L'un des enfants va chercher le café. Dans l'écurie qu'il vient de quitter, un cri de cheval est poussé, suivi d'un hennissement et du bruit sec d'une ruade décochée au bon endroit.

« Gâde acourie! » appelle le brigadier de semaine assis devant le corps de garde.

D'un bond le garde d'écurie intéressé est derrière le cheval grinchu, lui applique, ainsi qu'à ses deux voisins, une correction sévère, puis retourne s'asseoir à table.

18 septembre. — Adieu paniers, les vendanges sont faites.

Il en restait bien peu, de raisins, quelques

couffins, à peine de quoi faire un tonneau de piquette.

Les distributions aux spahis, notre dessert journalier et celui des Français avaient fortement avancé la besogne. Les maraudeurs aussi, maraudeurs à quatre pattes surtout : ratons, chacals, renards et porcs-épics. Lutter avec eux n'était pas facile. Nos pièges en ont pourtant happé quelques-uns dont la maladresse a rendu les autres plus prudents.

19 septembre. — De semaine. Je passe la nuit sous la tente, au milieu des Français campés au plateau de Tamadz, étroite bande de terre, avec beaucoup de pierres, et, dessous, beaucoup de scorpions.

A huit heures et demie, le sous-officier emmène les hommes. Ils s'en vont sans se presser : la côte est dure, et il fait encore chaud. Là-haut, par contre, il fait trop frais; de là des refroidissements.

La promenade ne plaît qu'à moitié : « Mal pour mal, disent-ils, mieux vaut les fièvres que la bronchite. »

Vers neuf heures et demie je les rejoins à cheval. Je m'endors vite. La fraîcheur sous la tente est délicieuse et mille fois plus agréable que la chaleur de ma chambre.

20 septembre. — Mohammed-Ould-Ali a tué un porc-épic cette nuit, me racontait Si Moustapha, le maître d'école.

— Est-il souvent aussi heureux ?

— Non, il revient fréquemment bredouille. Le porc-épic est rusé — « harami bezzaf ».

— Comment le chasse-t-on ?

— Le jour, on reconnaît son gîte ; la nuit venue, lorsqu'il est sorti pour aller manger, on se rase près de l'ouverture et on guette son retour. Mais il arrive que l'on s'endort à force d'attendre. Alors, l'animal, éventant le chasseur, se tient pour averti et change de gîte...

Vous savez son histoire, mon lieutenant, au porc-épic, — « derbane », comme on l'appelle chez nous.

C'était il y a bien longtemps, alors que Mohammed faisait la guerre à l'infidèle : Juif ou Roumi. Toujours, jusque-là, il était revenu triomphant de ses expéditions.

Mais voici que le bonheur semblait l'abandonner.

Comme s'ils les connaissaient, ses ennemis déjouaient ses plus secrets desseins, et plus d'une fois déjà il avait, lui, l'envoyé de Dieu, presque dû reculer.

Allah voulait sans doute éprouver la vertu de son prophète et l'empêcher de s'enorgueillir de ses succès passés.

Sans cesse Mohammed pensait à ces choses. Et il se demandait s'il n'y avait pas auprès de lui quelque traître. Sidna Aïssa (1), cet autre

---

(1) Sidna Aïssa ; Jésus-Christ.

prophète, n'avait-il pas été, lui aussi, vendu par le traître Ihoudda?

Et un jour qu'il était sorti, malgré une longue lutte, à peine victorieux d'un combat sanglant contre les Juifs, il s'en allait, sur le champ de bataille, contemplant les cadavres des siens et ceux des infidèles emmêlés dans la mort.

Or voici que quelque chose attira son attention : « Vois donc, dit-il à son fidèle Ali, ne dirait-on pas que les lances de ces fils d'Israël sont les mêmes que les nôtres? »

Ali regarde, lui aussi. Ils comparent deux lances, ils comparent dix lances, ils en comparent vingt. Le doute n'est pas possible : toutes sont exactement les mêmes et ne peuvent sortir que des mains de Youssef. Ce Youssef était leur ami, leur conseiller, et nul plus que lui ne semblait aimer et servir fidèlement l'envoyé de Dieu. Mais l'esprit du Prophète fut éclairé d'en haut : « Youssef est le traître », dit-il, et de suite il s'en alla devant son armée, fit venir Youssef, et, en présence de tous : « O Youssef, s'écria-t-il, je t'aimais, je t'aimais entre tous, j'avais fait de toi le confident de mes pensées. Toi, traître à ton ami, traître à ton Dieu, tu vendais des armes aux chiens d'infidèles; plus encore, tu leur livrais nos projets. Si tu n'avais offensé que moi, je pourrais te pardonner; mais tu as trahi la cause de Dieu; c'est lui qui va te punir... »

Tandis que Youssef, affaissé, tremblait, tandis que l'armée le couvrait d'insultes et d'outrages, Mohammed priait, demandant à haute voix le châtiment du coupable. Il n'avait pas achevé sa prière, que Youssef était devenu un animal couvert de piquants aigus, dont la forme rappelait à tous les lances qu'il avait vendues aux ennemis de Dieu. Et on l'appela « derbane », ce qui veut dire : Le mal est découvert.

25 septembre. — Au rapport. Le samedi.

Sur la terrasse, devant le bordj, une table recouverte d'une vieille couverture des lits militaires. Beaucoup de papiers.

A droite du capitaine, l'officier de semaine; à gauche, le fourrier; derrière, le maréchal des logis chef.

Rangés devant la table, les sous-officiers indigènes, chefs de groupe au douar, le sous-officier de semaine et le « grand champitre », c'est-à-dire tous les « chefs de service ».

A gauche, sur un rang, les hommes qui ont une permission à demander ou qui reviennent de route.

La cérémonie commence...

Aux Français d'abord : « Permission d'aller passer la journée à Marnia, ou permission de descendre pêcher à la rivière. » — Pêcher est la seule distraction qu'ils aiment, souvent refusée à cause des fièvres.

Aux indigènes maintenant. Ils veulent aller

soit au marché de Marnia, soit en tribu, soit enfin au moulin.

Tout cela est rapidement expédié. On passe ensuite à l'examen des choses du douar et de la smaala, ce qui demande toujours plus de temps et souvent ne manque pas d'intérêt.

— Écrivez, fourrier.

25 septembre. Note du capitaine.

« La tente du maréchal des logis Aly-Ould-Larby, dont la femme a causé hier du scandale, sera placée au milieu du douar. »

Punition cruelle. Une honte de ne pas pouvoir bouger sans que tous les yeux soient braqués sur vous, et, de plus, ça porte malheur.

« Le nommé Mohammed-Ould-Morcely, khammès du spahi Khaled, se rendra demain au bureau arabe de Marnia, pour y répondre d'une accusation de vol formulée contre lui par le caïd des Beni-Ouassin. »

« Le spahi Bou-Medine-Ould-Ali, dont le frère a étêté deux oliviers pour en donner les branchages à manger à ses moutons, sera puni de huit jours de salle de police. »

Etc., etc.

Enfin, tableau du travail et des corvées de la semaine.

28 septembre. — Abd-el-Kader-Bou-Zian est de ceux qui avaient demandé la permission d'aller au moulin.

— Vas-tu souvent au moulin, Ab-Kâder?

— Tous les prêts, mon lieutenant.

— Quel moulin?

— Au pont de Barca.

— Huit kilomètres? Il n'y en a pas de plus rapproché?

— Non. Celui de Marnia est plus éloigné encore.

— Que payes-tu pour faire moudre?

— Je laisse au meunier le dixième du grain.

Le moulin est une nécessité pour eux, qui ne vivent que de galettes et de couscouss.

Comment personne n'a-t-il eu l'idée d'en construire un tout près de la smaala? La clientèle des spahis lui serait assurée, et probablement aussi celle des tribus voisines: Djouïdet, Beni-Ouassin, Oulad-Riah, Zmarra, et autres.

1ᵉʳ octobre. — Encore le marsouji Ali et sa famille.

« Le maréchal des logis Aly-Ould-Larby sera puni de huit jours de prison. Commandant le piquet du marché a, malgré la défense souvent faite par le capitaine commandant, laissé plusieurs de ses hommes rapporter un sac d'orge sur leur cheval. »

Le piquet chargé de surveiller le marché arabe de Marnia, — un sous-officier indigène et vingt hommes, — est fourni alternativement : un mois par nous, le mois suivant par l'escadron du Kef.

Quant à ce pauvre diable d'Aly, c'est un

vieux serviteur, — vingt-deux ans de service, — mais un serviteur médiocre, abruti par l'ivrognerie.

A la prison, trois fois chaque jour, sa femme lui apporte du café ou des vivres. Pas une femme ordinaire, Halyma (1). Elle ne craint pas les regards; son principal défaut n'est pas la timidité. De beaux yeux, encore quelque fraîcheur, et de la tenue : on sait qu'on est femme de marsouji. Assez désirable, surtout pour nos affamés.

Ce soir, Larby, fils d'Aly, vient me trouver dans ma chambre :

— Ta femme à mon père y veut t' parler.

— Où ça?

— A la prison.

Une pratique de premier ordre, Larby, fils d'une première femme d'Aly, — fainéant, canaille et entremetteur. Pour lui, bien en-

---

(1) Halyma, douce.

tendu, « ta femme à mon père » veut dire
« la femme de mon père ».

Je le suis à la prison. Halyma venait d'apporter le dîner de son mari.

— Qu'y a-t-il, Aly ?

— Oh ! c'est pas moi, c'est mon femme ; y veut ti demandé l'argent. Nous n'avons plus rien pour manger.

— Combien lui faut-il ?

— Deux douros.

Après hésitation : — Tiens, les voici. C'est à toi que je les donne, mais non à Halyma, et jusqu'au prêt seulement. Tu entends bien ?

Halyma me couvait de ses grands yeux tandis que je cherchais dans ma poche ; déjà sa main s'avançait. Déception ! c'est son mari qui a reçu les deux pièces.

Bien m'en a pris, d'après Bou Medine Ould Lhassen, qui assistait du dehors à la scène : « Ti as bien fait d' donné l'z'argent au marsouji. Halyma caroutti. Jamais rendé l' douro ;

dire : « Viens dans l'oued avec « moi ! » Barca ! »

14 octobre. — En homme de parole, Aly m'a rendu les douros. Je ne pouvais plus sortir du bordj sans rencontrer Halyma très engageante. Malgré l'occasion, malgré l'herbe encore tendre, j'ai gardé mes douros pour d'autres placements.

17 octobre. — Depuis trois jours, plus d'Halyma. Quant à Larby, c'est à peine s'il me salue ; « un mesquine, songez donc ! »

18 octobre. — A la sonnerie des quatre appels, les indigènes se sont réunis dans la cour. On va leur désigner, pour une année, des lots de culture.

Ils ont droit chacun à deux lots de terrain : l'un en plaine, irrigable ; l'autre dans la montagne. Peu refusent de cultiver. Le « mesquine » lui-même économise ou emprunte de quoi acheter quelques « kharoubas » de semence.

Ils défilent devant le capitaine, les plus anciens les premiers :

— Où veux-tu labourer?

— A Berkoukia. (Le meilleur terrain, bien entendu.)

— Déjà donné. Veux-tu à Berregan ?

— Comme tu voudras; tu es le maître, « anta kebir ».

On manifeste un désir; il ne peut être satisfait? C'est bien! A quoi bon récriminer? N'est-ce pas écrit, « Mektoub »? Alors, rien à y changer.

Il y a, du reste, des lots qui, depuis dix ans, quinze ans, sont cultivés par les mêmes spahis. De terres incultes, misérables, enroncées, couvertes de pierres, ils ont fait de riches jardins plantés d'arbres fruitiers, ou bien des champs fertiles. Ce n'est que justice de les faire profiter de leur travail, devenu un vrai titre de propriété.

20 octobre. — J'avais demandé une permission de trente jours. Je me réjouissais tant de revivre un peu de la vie de famille ; j'avais faim des tendresses d'autrefois. « Si M. Goubet a besoin absolument de ce congé, m'a fait dire le général, je le lui accorde volontiers. Sinon, il ferait plus sagement d'attendre qu'il ait dix-huit mois de séjour en Algérie, pour avoir droit au passage gratuit... »

Le général avait raison. J'ai retiré ma demande...

22 octobre. — Kara s'en va, le nègre Kara, notre cordon bleu. Il prend « l' rétréte » après vingt-cinq ans de bons services à la cuisine.

— Avoir vu si souvent le feu, et ne pas même être médaillé ! disait Lecardinal.

En compagnie de quelques amis venus de Marnia, nous avons mangé avec recueillement son dernier chef-d'œuvre.

Plus jamais nous n'aurons de ces fins

« tadjinns », de ces ragoûts épicés auxquels nos estomacs s'étaient accoutumés ! Finis les « œufs sur la coque » si bien cuits à point ; finis les « pigeons crapauds » pour lesquels il avait un tour de main si leste ! N'avait-il de leste que le tour de main ? Lecardinal prétend que l'anse de son... couffin, elle aussi !...
— Mais Lecardinal est si méchant !

Et qu'importait, après tout, que ce fût vrai ? Tout le monde n'était-il pas content ? Fallait-il regretter quelques provisions qui, sans cela, se seraient peut-être gâtées ? Un bon cuisinier ne doit rien laisser perdre.

Bien que retraité, Kara ne part pas tout à fait. Il a soumissionné pour la location du café maure, et il est resté maître de la place.

Il pourra initier ainsi son successeur à la cuisine.

24 octobre. — Il est arrivé, Tassin, notre nouveau cuisinier. Un Lorrain, garçon pâtissier. Kara peut partir pour de bon, il laissera ses casseroles en de bonnes mains.

Un événement, que cette arrivée d'un cuisinier ! Quelque chose d'important pour nous, qui « n'avons, — comme dit le capitaine, — que la... gueule ».

25 octobre. — Reçu un brigadier indigène destiné à mon peloton, Ben Didah ben Kheleff. Je le connais depuis longtemps ; il vient de mon ancien escadron.

Vieille brute, très discipliné. Même gris, — surtout gris, — il ne connaît que la consigne. Cette fidélité à la consigne lui a valu ses galons lorsqu'il était gardien de la caisse de l'escadron, au Tonkin.

Il a, dès le soir, arrangé sa petite vie. « Moi vioux, disait-il, moi pas marié, moi ji aime plous l' femme et l' tabac. Tout l' prêt s'ra pour li cantini. » Le vieil Alsacien Hohlweck devra lui servir : le matin, une absinthe, un demi-litre de vin et deux plats ; le soir, une absinthe en plus, — sa soupe, à Ben Didah !

Pas de préjugés religieux, mais une répulsion violente, haineuse, irraisonnée, pour le serpent. Prononcer seulement près de lui le nom de l'animal abhorré, c'est s'exposer à de rudes représailles. Témoin son ancien sous-officier de peloton qui a voulu plaisanter un jour. Le vieux lui a lancé son *bouchon* dans la figure et lui a cassé trois dents.

26 octobre. — « Mon lieutenant, prête-moi dix francs pour acheter deux *flijs*. »

Le moment est arrivé de réparer les tentes.

La tente arabe, sauf celle du pauvre qui est en nattes d'alfa, se compose de « flijs », ou bandes d'environ 60 centimètres de largeur, rayées blanc et noir, tissées avec des fibres de palmier nain, de la laine et des poils de chèvre, et complètement imperméables à l'eau.

Tous les ans, à l'automne, on remplace les

bandes usées. La femme découd la tente par le milieu, intercale les trois ou quatre flijs neufs, et arrache ceux des bords, en loques. Et la tente présente une nuance qui va se fonçant du gris clair du milieu au noir des bords.

Je me suis laissé faire cette fois encore, et j'ai donné à Bou Medine ce qu'il désirait.

Habituellement je me méfie des emprunts que veulent me faire mes hommes. Il n'est pas de gens plus quémandeurs que ces spahis. Toujours à emprunter, qui cinq francs, qui dix francs. Ne demanderaient-ils pas tout simplement par habitude? Et puis, si l'on oubliait une seule fois de leur réclamer l'argent prêté, ce serait toujours autant de gagné.

30 octobre. — Demain, courses à Marnia.

— Voyons, me disais-je, trois journées de fête ; pas un liard en poche. Il me faudrait pourtant de quoi ne pas faire une mine trop piteuse auprès des camarades... Allons nous adresser au capitaine !

Et j'y fus.

— Combien voulez-vous ?

Je dis un chiffre.

— Je ne puis vous en donner autant, vous le savez. On parie, dans la journée, aux courses ; on joue, au bal, la nuit. Je crains pour vous la tentation. Voulez-vous la moitié ?

— Mais vous pouvez avoir confiance en ma parole : je ne jouerai pas.

— Serments de la veille, qu'emporte un souffle de fête. Finissons. Acceptez-vous ce que je vous offre ?

— Non. Je me suis fixé le double ; c'est le double qu'il me faut. Ne me traitez pas en petit garçon. Rien ne vous autorise à douter de moi.

— La « question de confiance », alors ?

— Mon Dieu, oui !

— Je le regrette. Ce qui est dit est dit. La moitié ou rien. Choisissez.

J'ai choisi ; ce sera : rien ; je n'irai pas aux courses, bien que ce me soit une privation pénible, car c'est moi qui ai préparé les sous-officiers de l'escadron qui courent.

31 octobre. — Première journée des courses. Quelques amis à déjeuner ce matin. Ils sont partis avec le capitaine et Lecardinal pour Marnia.

Je suis resté au bordj.

Le soir, le capitaine, revenu seul, m'aborde d'un air gouailleur :

— Eh bien, vous êtes-vous amusé ?

Furieux, je n'ai pas répondu. Pendant tout le dîner, je n'ai pas soufflé mot. Un dîner de lune rousse : monsieur est fâché ; madame boude.

3 novembre. — J'avais une telle envie d'aller aux courses, hier, que je me suis décidé à capituler. On m'a très mal reçu.

— Hier, vous m'avez piqué la muette... Pourquoi? Parce que je vous veux du bien; parce que je m'intéresse à vous ? Je n'oublierai pas cette façon d'agir...

Sans un mot, je suis sorti, j'ai fait seller mon cheval et j'ai galopé à Marnia. J'y ai passé la nuit dernière, et ce matin j'ai suivi le commandant supérieur en excursion à Oudjda.

Ces deux journées m'ont donné le temps de la réflexion. Sitôt rentré, ce soir, j'ai fait des excuses au capitaine. Il m'a tendu la main, et la vie reprend comme avant.

5 novembre. — Hammam Bou Ghrara; trois kilomètres de Blad-Tafna. Un bois sacré, un marabout, — comme à Sidi bel Kheir; — deux constructions mauresques renfermant les piscines, l'une pour les femmes, l'autre pour les hommes.

La source a sa légende. J'en avais entendu parler; mais je n'ai pu me la faire raconter, aucun Arabe du pays ne la connaissant. J'ai fini par la dénicher. La voici :

« Aux siècles passés régnaient, à Tlemcen, des rois qui avaient des relations avec les démons. Ils venaient de l'Ouest et se nommaient les Beni-Meriin.

« Ils expliquaient le langage du tonnerre. Par des combinaisons mystérieuses de chiffres, ou en jetant du sable sur une table noire, ils prédisaient l'avenir. Ceux qui les offensaient, ils les châtiaient cruellement à l'aide du démon, leur allié.

« Or, il arriva que l'un des Beni-Meriin fut frappé par le regard d'une jeune fille qu'il rencontra un jour sur les bords de la Tafna, comme elle allait puiser de l'eau.

« Fier de sa puissance, il crut qu'un seul mot allait lui donner une nouvelle esclave. Mais la jeune fille aimait un guerrier de sa tribu. Elle repoussa donc avec dédain les paroles dorées du sultan.

« Celui-ci dut subir l'affront. Il ne pouvait — c'était là son châtiment — comme les démons, ses alliés, se faire aimer à son gré. Mais il était tout-puissant pour la vengeance. Furieux de se voir ainsi traité, il jura de se rassasier des larmes de celle qui lui refusait un sourire.

« Un soir, la jeune fille, se glissant hors du douar, alla rejoindre, sous les palmiers, celui qu'elle aimait.

« Sur l'ordre du sultan, le démon se saisit des deux jeunes gens et les entraîna dans la terre.

« Au même instant, le pays entier changea d'aspect. On le nommait la Vallée des Fleurs. Les fleurs disparurent, et le sombre feuillage des oliviers couvrit les collines.

« Seuls les palmiers, sous lesquels la jeune fille s'était retirée, restèrent debout, témoins de la vengeance. A leur pied, à la place même où les amants furent engloutis, jaillit aussitôt une source merveilleuse. Cette source est alimentée par les larmes que ces deux infortunés versent nuit et jour, dans les entrailles de la terre, où les retiennent les sortilèges infernaux du maudit (1). »

Aujourd'hui, Hammam Bou Ghrara est un lieu de pèlerinage très fréquenté. De tous les points de l'Algérie, surtout de la province d'Oran, aussi bien que du Maroc, les femmes s'y rendent : la spécialité du saint — Sidi Bou Ghrara — qui y est enterré étant de rendre féconde la femme stérile. Et, comme dans les Pardons de Bretagne, « l'on y va deux, mais on en revient trois ».

8 novembre. — Envoyé à l'*Écho d'Oran* le récit de l'excursion à Oudjda. Le voici.

(1) Comte DE CASTELLANE, *Souvenirs de la vie militaire en Afrique*.

OUDJDA.

Le break du commandant supérieur; puis d'autres voitures à la file. Des officiers à cheval et des cavaliers du bureau arabe, piquant de points clairs le défilé un peu sombre par ce temps gris.

La frontière du Maroc est dépassée — la frontière, un vieil olivier, cinquième témoin dans bien des affaires d'honneur.

A l'horizon, une grande barre noire, les oliviers d'Oudjda, que peu à peu nous distinguons plus nettement.

Nous arrivons. Trois cavaliers marocains nous attendent devant les jardins. L'un court au galop prévenir de notre arrivée; les deux autres prennent la tête et nous guident.

Nous longeons les jardins, des vergers plutôt, tant il y a d'arbres fruitiers. Ils sont clos de murs en pisé, des murs bas, régulièrement percés de créneaux.

Puis une grande place, bordée d'une épaisse haie de cactus.

Et, devant nous, la ville s'étageant en terrasses que domine la tour de la mosquée.

L'aspect de tous les ksours du Sud.

La porte est franchie. Des ruelles s'enchevêtrent, étroites et sales. Un coin de marché étale dans la boue d'un carrefour ses piments, ses tomates et ses oignons.

Beaucoup de femmes : Juives aux joues peintes de rose, aux sourcils reliés par un capricieux dessin à l'antimoine; et vieilles Marocaines loqueteuses.

Des enfants déguenillés, en foule.

Les hommes se dérangent à peine pour nous laisser passer. Quelques-uns, pourtant, nous saluent d'un « Bojorr! » retentissant.

Encore une place, très grande aussi, près de la mosquée. On y descend ou de cheval ou de voiture. On est arrivé.

Le commandant supérieur s'avance vers une maison plus vaste et plus haute que les maisons voisines. Sur le seuil, un vieillard en burnous bleu nous attend. L'amel d'Oudjda.

Autour de lui sont rangés dix ou douze fantassins — asaker. — Ils ont la veste rouge, la culotte de nuance quelconque, et, sur la tête, une chechia pointue. Quelques-uns — ceux-là seulement qui ont déjà donné des preuves de leur courage — ont le droit de laisser pendre de chaque côté du visage la longue boucle de cheveux frisés qui retombe le long des joues; ainsi les tire-bouchons de nos grand'mères.

Les compliments d'usage échangés entre le commandant et l'amel, nous entrons, invités à manger la diffah.

Au premier étage. Deux salles basses sou tenues par de lourds piliers.

Des tables sont dressées. Dessus, des assiettes en faïence blanche, des couverts en fer battu et, comme serviettes, des morceaux d'étoffe arrachés à même à une pièce de cotonnade.

On apporte les hors-d'œuvre : œufs durs, gâteaux au miel, gâteaux aux amandes pilées sentant fort la cannelle, assiettes de fruits, figues, amandes, noix et dattes.

Puis, successivement :

Du ragoût de mouton au riz et à l'oseille;

Du poulet rôti;

Du mouton rôti;

Du couscouss.

Tout cela presque immangeable à cause d'un goût trop accentué d'huile rance.

Les asaker font le service. Sans le moindre bruit, sans souffler mot, ils apportent les mets et desservent; — tels des muets.

Le café bu, le jardin de l'amel visité, — curiosité réelle dans un pays où tous les jardins sont extérieurs, — promenade à travers la ville.

Les gardes de l'amel nous escortent. A leur poignet droit pend une forte lanière de cuir tressé qui, maniée avec vigueur, nous ouvre un large chemin à travers les curieux.

La ville est très commerçante. Beaucoup de boutiques. Nous y faisons des achats nombreux. C'est à peine si les marchands daignent se déranger pour nous servir.

Par exception pourtant est très empressé un armurier, venu depuis peu de Tlemcen.

A la porte de son atelier, un vieux mendiant — pour attirer notre aumône — se donne, avec un lourd pavé, de violents coups sur la tête ou sur le ventre tendu en avant. Quelques brutales caresses des lanières le font disparaître.

Nous voudrions des plats marocains, en faïence à fleurs ; aucun marchand n'en vend.

Les soldats se concertent et nous emmènent vers une maison particulière : le propriétaire a, paraît-il, beaucoup de ces plats, et peut-être consentira-t-il à nous en céder.

Ils frappent à la porte, parlementent. Enfin le loquet est tiré ; nous entrons.

Frrrr ! Comme des oiseaux effarouchés, des jupes s'envolent par chacune des nombreuses portes qui s'ouvrent sur la cour intérieure.

Mais bientôt, malgré les cris d'une vieille négresse — sans doute la gardienne du harem — de fort jolies filles risquent d'abord un œil, puis toute la figure dans les embrasures. Rassurées tout à fait, elles s'enhardissent au point de nous sourire et de nous parler.

Quelques-unes même ne veulent pas laisser à la vieille toute seule le soin de nous vendre les plats.

Les achats finis, retour vers la maison de l'amel. En passant, un coup d'œil à la prison. Trois marches à descendre. Une grande pièce, bien éclairée, bien aérée, très propre. Dans un coin, un kahouadji. Au pied des piliers, quelques hommes enchaînés par la ceinture et les pieds.

Rien de triste dans l'aspect de cet intérieur où peut pénétrer qui veut pour parler aux prisonniers.

Nous sommes revenus sur la place d'arrivée. Comme ce matin, l'amel est devant la porte de sa maison.

Remerciements, salutations, départ.

De nouveau nous repassons la frontière.

Est-ce bien une frontière, ce « zebbouj » rabougri qui indique, sur la route, l'endroit où commence le Maroc et finit la France?

Ne vous a-t-il pas semblé, comme à moi que nous n'étions pas sortis de l'Algérie?

8 novembre. — La smaala était en joie, le lieutenant Mohammed donnait une « ouada ».

Les officiers indigènes célèbrent ainsi, chaque année, une fête, en un jour anniversaire quelconque.

Nous étions invités.

Pour le déjeuner, nous avions installé une table tout au fond du jardin potager, près de la maison de Mohammed, sous l'« olivier de la diffah », un antique « zitoun (1) » dont les branches, retombant jusque près de terre, formaient une agréable et spacieuse salle à manger.

Le repas que Mohammed nous servait lui-même, aidé de ses fils, se composait des mets d'usage : mouton rôti, variétés de tadjinns ou ragoûts, couscouss et gâteaux.

Le thé bu, nous sommes entrés dans la cour intérieure de la maison de notre hôte.

Il y avait nombreuse assemblée : des amis, des gens du douar — les femmes en costume

---

(1) L'olivier franc s'appelle « zitoun »; l'olivier sauvage est le « zebbouj ».

de fête, — et des étrangers, de ceux qui flairent de loin et qu'attire toujours le fumet des viandes rôties et des mets généreusement offerts à tous.

Les réjouissances étaient commencées. Curieux en était le spectacle sous les clartés vives et crues du soleil de midi.

Par groupes de six ou huit, des jeunes gens s'avançaient du côté des femmes, d'un pas que cadençaient les tambourins. En poussant des cris aigus, ils brandissaient leurs fusils, les déchargeaient au pied des belles, puis s'éclipsaient de côté, laissant la place aux suivants.

Six femmes dansaient, se faisant face trois par trois. Les hanches agitées en un balancement gracieux, elles se marchaient à l'encontre, reculaient, revenaient encore d'un mouvement lent que rythmaient leurs chants.

« Anà, anà...à...à... » Traînant sur certaines syllabes, elles se renvoyaient sur un ton uniforme des phrases d'une mélopée monotone qui nous berçait doucement.

Étendu près de moi, Lecardinal était sous le charme. Il adore ces exhibitions, cette musique et ces danses. Je le plaisantai sur ses goûts arabes. Soudain :

— Goubet, n'avez-vous jamais entendu parler de Thalia?

— Thalia? Ce nom ne me dit rien.

— Je ne puis voir ces danses sans penser à la pauvre fille. C'est ici même, à pareille fête, que je l'ai connue et aimée...

Ce début me présageait un chapitre des mémoires de Lecardinal. Je le pressai de m'en donner la primeur. Il céda facilement, heureux de trouver une oreille attentive.

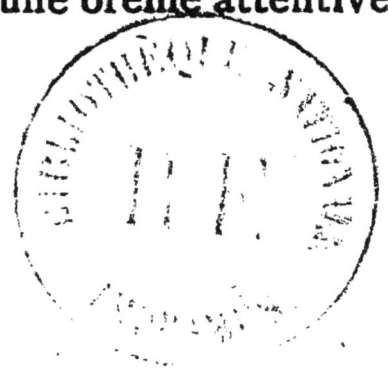

THALIA.

C'était il y a quelques années déjà. Comme aujourd'hui Mohammed donnait l'ouada. Ici même et comme en ce moment, les danseuses exhalaient un chant, celui que vous entendez.

Nous les regardions passer devant nous et repasser.

Elles avaient la figure voilée. Et ce n'était pas un moindre charme que de s'essayer à deviner les traits sous le « melhafa (1) » de mousseline pailletée d'or.

Des rires s'élevèrent. La cause en était le voile d'une danseuse qui, je ne sais comment, peut-être parce qu'elle le voulait, était tombé.

(1) Le *melhafa*, voile.

Je vis la danseuse, et tout de suite un souvenir d'autrefois me revint saisissant.

Tout en haut de la maison de mon père, dans une chambre inhabitée, pendait au mur une toile, *Rebecca à la fontaine*. Mon tout premier amour.

Je ne me lassais pas, enfant, de m'extasier devant la belle Juive tendant au vieil Éliézer l'urne pleine de l'eau qu'elle venait de puiser. Le voyageur buvait tout en admirant, de ses yeux relevés, la beauté de celle que Dieu venait de lui désigner pour la femme de son maître.

Bien des heures j'avais passées devant cette toile. Et voici qu'en ce moment-là même, je la revoyais, Rebecca. Elle dansait devant moi, et, comme autrefois, je ne pouvais me lasser de l'admirer.

Son corps était enveloppé d'une « habaïa(1) »

---

(1) Habaïa, longue jupe sans manches.

rose que serrait faiblement, esquissant à peine la taille, une ceinture de drap d'or. De ses épaules descendaient jusqu'au coude les manches en fine mousseline de la « khamidja (1) », laissant entrevoir, même à travers le léger tissu du « melhafa », les contours fermes et ronds des bras.

Elle souriait, un peu confuse pourtant d'être dévoilée. Ses lèvres sensuelles s'entr'ouvraient sur des dents admirablement blanches. Ses yeux noirs, humides, estompés de kohel, semblaient, tellement ils paraissaient grands, « déchirés jusqu'aux oreilles », suivant la belle expression arabe.

A ses oreilles, soutenant des coraux et des soltanis d'or, étaient attachés de grands et minces cercles d'argent supportés par des chaînettes qui s'appuyaient sur le front.

De la pointe de la chechia, qu'enveloppait le

---

(1) Khamidja, chemise.

« menndil (1) » de soie rouge, retombait en arrière le long voile de mousseline.

Elle se balançait, non inconsciente de sa grâce et de sa beauté.

De ses mains malhabiles, toujours elle s'essayait à se recouvrir, et, qu'elle le voulût ou non, toujours le voile retombait.

A chacun de ses mouvements, le haut de la habaïa dérangé laissait entrevoir la naissance d'une gorge savoureuse, à la peau dorée.

Puis elle s'enfuyait, rieuse, dans un envolement d'étoffes. Je désirais ardemment la voir revenir; mais elle demeura invisible à l'intérieur de la maison et je m'en allai, ne voulant plus rester alors qu'elle n'était plus là.

Je m'informai d'elle : son nom était Thalia; on la disait coquette, légère et peu fidèle à son mari, Ahmed ould Abdallah, parti quelques jours auparavant pour Adjeroud.

---

(1) Menndil, foulard.

Son souvenir m'obsédait. Je songeais au moyen de la revoir, lorsque le hasard me servit à souhait.

Un après-midi, je parcourais nos vergers, le fusil sur l'épaule, à la recherche d'un lièvre que nous avions tous vu et que personne n'avait réussi à tuer, — un de ces lièvres enchantés comme il y en a dans tous les villages de France.

Une vieille remontait l'avenue, ahannant sous un lourd fagot. Elle s'arrêta pour se reposer, étayant sa charge à l'aide d'un bâton. Soulagée, elle se redressa, me vit, et de loin :

— Bojorr, mon lieutenant.

Je m'approchai.

— Bonjour. Qui es-tu, toi ?

— Mazouza.

— Mazouza ? Connais pas !

— La mère de Thalia.

— Ah ! Thalia est ta fille ? Elle est bien jolie !...

Un éclat de rire, derrière moi, me coupait la parole. Thalia était là qui, venue au-devant de sa mère et m'ayant aperçu, avait fait un léger détour pour s'approcher sans être vue. Mon compliment la faisait rire.

Son costume n'était plus celui de la fête. Des étoffes blanches la drapaient, à demi serrées à la taille par la ceinture de laine tressée. Plus séduisante encore elle me parut dans ses vêtements de tous les jours, d'une propreté remarquable, contrairement aux habitudes de ces femmes.

Après l'échange des salutations que, comme vous le savez, tout Arabe qui se respecte doit éterniser, je lui fis signe de me suivre. Elle vint, tandis que sa mère, palpant un douro que je lui avais discrètement glissé dans la main, restait là pour nous garder.

Nous nous assîmes au pied d'un figuier, dérobés aux regards par son épais feuillage qui retombait très bas.

La conquête que je méditais était aisée, je ne l'ignorais pas. Aucune vertu arabe ne résiste à des arguments sonnants.

Comme je m'y attendais, Thalia ne demandait pas mieux que de s'entendre, mais elle posait ses conditions.

« Tu seras mon amant...; tu n'en aimeras pas une autre du douar... Et je t'appartiendrai tant que tu voudras. Tu me donneras des « kholkhals (1) » d'argent, très larges et plus beaux encore que ceux dont cette orgueilleuse Zina est si fière. Justement, je sais une occasion, chez les Beni-Ouassin... Tu n'auras qu'à m'envoyer la somme; j'achèterai le bijou moi-même... »

Et comme nous nous levions : « Tu donneras bien aussi un « melhafa » neuf à ma mère! Tu vois comme le sien est en mauvais état; et elle n'a pas assez d'argent pour s'en acheter un autre... »

---

(1) Bracelets de pied.

Je promis tout ce qu'elle voulut. Elle partit, me donnant rendez-vous pour le lendemain, dans la matinée, aux bains chauds de Sidi Bou Ghrara.

Une de ses conditions m'avait surpris : « Tu n'en aimeras pas une autre du douar! » Naïvement, je l'attribuais alors à un sentiment qui ne laissait pas que de me flatter. Peut-être était-elle moins vénale que les autres. Depuis, j'ai compris que cela voulait dire tout simplement : Je veux les bénéfices pour moi seule.

Sitôt remonté au bordj, j'allai trouver le Juif. — Ce n'était pas encore Ihoudda. — Moyennant des intérêts convenables, je me fis avancer la somme nécessaire pour faire bonne figure. Je l'envoyai à Thalia par cette canaille de Larby, que vous connaissez; — il était son messager habituel.

J'étais lancé dans une aventure qui pouvait offrir quelque danger, — ne fût-ce que celui de me mettre entre les mains d'un Juif. Mais je me laissais aller sans réfléchir.

Ce qui doit arriver n'est-il pas écrit? Et le « mektoub » de nos hommes ne serait-il point le dernier mot de la sagesse?

J'attendais donc Thalia le lendemain, aux bains chauds, frémissant de désir, l'esprit, — je n'ose dire le cœur, — rempli d'elle. Dans mon impatience de la revoir, je ne pensais seulement pas à admirer ce coin de terre consacrée, si pittoresquement caché sous les larges frondaisons des betoums, immense vélum que surmontent comme autant d'aigrettes les têtes des palmiers couronnés de régimes de fruits dorés.

Scrutant l'horizon, je me tenais derrière le marabout de Sidi Bou Ghrara, le saint que les femmes stériles viennent implorer pour avoir des enfants.

Et je ne songeais certes pas au sacrilège qu'allait commettre Thalia, venant à moi tout près de ce tombeau, sacrilège que l'on pourrait lui faire expier cruellement.

Par groupes de trois ou quatre, des femmes venaient, se dirigeant vers la piscine extérieure.

Enfin, mêlée à l'un de ces groupes, je vis Thalia. Malgré l'éloignement, je la reconnus tout de suite. Pas une autre n'avait cette démarche dansante, souple et pleine de grâce, qui la faisait « ressembler au pigeon sauvage », comme disent nos hommes.

Je la vis; puis, les arbres me la dérobant, je la perdis de vue; et soudain elle était près de moi, son œil noir me souriant à travers la fente du haïck. Je l'emmenai dans notre piscine, refermant sur nous la porte dont le gardien m'avait donné la clef. Tandis que je la couvrais de caresses, elle me remerciait des présents envoyés la veille...

Quand elle eut rejoint ses amies, je partis à mon tour. En rentrant, je croisai, près du marabout de Sidi Bou Medine, le lieutenant Mohammed, qui, lui aussi, mais avec sa famille, se rendait au Hammam.

Il vint à moi, et railleur :

— Eh bien, fit-il, et Thalia? Tu la trouves bien?

— Comment, tu sais?

— Mais je sais qu'hier vous étiez tous deux sous ce figuier. — Et il étendait le bras dans la direction de l'arbre au pied duquel nous nous étions assis la veille. — En ce moment tu viens des Bains, et Thalia vient de passer, elle aussi. Je sais même que tu as été très généreux pour elle...

Une douche glacée. Je croyais cette liaison secrète. J'aurais dû penser cependant que, comme toutes les femmes de sa race, Thalia s'empresserait de se vanter de sa bonne fortune.

Le soir, elle me fit dire qu'elle serait le lendemain, à la même heure, à la cascade.

Vous aimez ce site sauvage, n'est-ce pas? Quant à moi, c'est peut-être celui qui me plaît le plus en ce pays. En vous parlant, je le vois sous mes yeux, tellement il m'est familier.

Les eaux de l'Ouerdefou, coulant d'abord emprisonnées dans un chenal étroit taillé dans le roc, s'échappent en une large nappe écumante et, grondantes, retombent, emplissant une grande vasque. Là, apaisées, elles sembleraient une colossale émeraude sertie de basalte, si un léger mouvement n'en faisait frissonner la surface sans parvenir à en troubler la pureté. Les bords seulement prennent une teinte un peu plus foncée, là où se mirent les roseaux, les lauriers, et ces trembles poussés en cet endroit on ne sait comment.

Et, comme cadre à ce tableau, des entassements de rochers sauvages.

Ce jour-là pourtant, de tout cela, je ne vis rien, bien que mon attente fût assez longue.

Ma maîtresse vint enfin et m'emmena dans une de ces grottes, dont l'entrée est à demi cachée par les lauriers.

L'endroit lui paraissait familier. Mais bien que, marchant devant moi, elle me guidât, souvent je me heurtais le front contre quelque stalactite.

Je la forçai de s'arrêter. D'être sous terre me cause toujours une horreur insurmontable. Je ressentais une impression d'écrasement dans ce souterrain, où l'allumette enflammée jetait une lueur courte qui rendait, sitôt après l'obscurité plus pénible et plus mystérieuse.

Est-ce l'agacement causé par une assez longue attente ou le malaise physique que je subissais; n'était-ce pas plutôt une amertume qui m'était venue, la jalousie ridicule que je ressentais de la voir si « chez elle » dans cette grotte ? Je ne le sais. Toujours est-il qu'avec une dureté qui parut la surprendre, je lui reprochai ses indiscrétions et lui déclarai qu'elle eût dorénavant à me recevoir dans sa tente et la nuit.

Bien que cette décision dût lui être pour le moins désagréable, à cause des difficultés qu'en ferait naître l'exécution, elle me répondit doucement :

— Comme il te plaira. N'es-tu pas le maître ?

Cette soumission me toucha. Je l'attribuai à une tendresse naissante. J'essayai de réparer ma dureté par mes caresses. A tort, ai-je pensé depuis. Indifférente à mes procédés, elle songeait sans doute aux ennuis seulement qui pouvaient lui venir de ma résolution. Pour les éviter dans la mesure du possible, elle ne s'éloigna pas sans m'avoir fait mille recommandations sur les précautions que je devais prendre pour m'approcher, la nuit, de sa tente.

Des précautions, en effet, il en fallait.

D'abord, ne pas me faire remarquer. Le capitaine n'aurait jamais toléré ces escapades. Pour donner le change, je faisais, comme d'habitude, après dîner, la promenade au café maure. Je rentrais avec les autres, et remontais dans ma chambre. Bien plus tard, lorsque je les pensais tous endormis, je m'esquivais silencieusement, enveloppé d'un burnous noir.

Au douar, il me fallait éviter de me faire voir ou d'être cause de quelque esclandre.

La tente de Thalia était au milieu de la grande face est. Bien avant que j'en approchasse, les chiens me signalaient par leurs hurlements, puis, plus près, ils se précipitaient vers moi, les crocs menaçants.

Leurs cris donnaient l'éveil, et bientôt tous ces gardiens du douar étaient à mes trousses.

J'avançais très lentement contre cette défense accessoire, la tenant en respect avec une lourde matraque que je manœuvrais de la main droite, tantôt la présentant de face, tantôt en queue.

J'atteignais ainsi la « zeribah », qui est un vrai mur de clôture. Pour prévenir de mon arrivée, je lançais sur la tente des cailloux que j'avais soin de tenir prêts, et je m'accroupissais à l'arabe.

Les chiens se calmaient. Sans bruit, alors, à l'aide de la matraque, j'écartais les épines pour me faire un passage. Ce travail, souvent interrompu par quelque nouvelle alerte des chiens, une fois terminé, vite je franchissais la haie et m'arrêtais pour refermer le passage. J'étais alors dans l'enceinte circulaire qui, la nuit, sert d'écurie à toutes les bêtes. Souvent celles ci, éveillées par les aboiements, tournaient affolées, criant, bêlant, beuglant et braillant. Impossible de passer, dans l'obscurité, avant le calme rétabli, et c'était long parfois. Souvent Thalia venait elle-même et m'entraînait sous la tente, me tirant par un pan du burnous. Nous nous étendions sur les « frachs (1) », seuls de ce côté du rideau qui coupait la tente

---

(1) Tapis ou nattes pour se coucher.

en deux parties; de l'autre côté, dormaient Mazouza et les deux petits d'Ahmet.

Généralement la nuit se passait tranquille. Une fois pourtant, — quelle peur elle a eue, Thalia, cette nuit-là! — un léger bruit me réveilla. Il pouvait être alors minuit.

J'écoute; il me semble entendre quelqu'un marcher tout doucement. Me soulevant avec précaution, je distingue une ombre qui s'avance en rampant vers le mât, à l'endroit où se trouve le « sandouck », la caisse où sont renfermées les richesses de la famille.

Pas de doute, c'est un voleur. Je me lève d'un bond et, prenant ma matraque, je le mets en joue. Il voit le mouvement, a peur d'un coup de fusil, et se sauve. J'aurais pu, il est vrai, l'assommer. Mais l'embarras eût été grand le lendemain pour Thalia et aussi pour moi. J'ai préféré essayer d'abord de le faire fuir, et j'y ai réussi.

Tandis que je tenais encore mon bâton du

côté où le voleur avait disparu, la main toute tremblante de Thalia me pesait sur le bras et me forçait à me recoucher.

— Que fais-tu? disait-elle. Tu veux donc nous faire tuer tous?

Le voleur est, vous le savez, la grande terreur de nos tentes. Nos hommes, qui laissent leurs carabines au bordj, n'ont pour se défendre que leurs sabres; quelques-uns seulement ont des fusils, et quels fusils! Ce détail, qui n'est ignoré de personne dans le pays, encourage les voleurs. Rarement pourtant ils sont audacieux comme le fut celui-ci.

Cet incident m'avait donné à réfléchir. Il aurait pu m'être fatal, et quelle situation que celle où je me serais trouvé!

Le retour, de grand matin, quoique moins accidenté, avait aussi ses difficultés, pour moi qui ne voulais pas être vu.

Je me souviens qu'une fois, il y avait un tel brouillard, que je ne retrouvai pas mon chemin. Longtemps je tournai sur le terrain de manœuvre sans savoir où j'étais.

A un certain moment, j'entendis marcher tout à côté de moi.

— Qui es-tu? m'écriai-je.
— Ab-Kader-bou-Zian.
— Où vas-tu?
— Au café maure.

J'étais tiré d'embarras; je n'avais qu'à suivre mon spahi, sûr d'arriver. Il marchait très lentement, cherchant à s'orienter, hésitant lui aussi. Tout d'un coup me vint le bruit d'une eau qui coule. « La Séguia, pensai-je, qui passe près du bordj; je suis arrivé! » Je hâte un peu le pas, et je vais buter, savez-vous contre quoi? contre l'olivier qui est sur le sentier de Nemours : je tournais le dos à la bonne direction. Mais enfin c'était bien l'eau de la Séguia qui coulait là. J'y trempai ma main : le courant se dirigeait à droite. Je marchai donc à droite, et c'est ainsi qu'en longeant ce canal, au risque de prendre un bain ou de me casser le cou dix fois dans quelque ravin, je revins au bordj. Il était temps, déjà le réveil sonnait.

Mais c'étaient là des ennuis exceptionnels. Généralement tout se passait le plus simplement du monde.

Ma passion suivait un cours normal et tranquille. Très vive au début, elle se calmait, satisfaite. Thalia le sentait. Elle en arrivait à m'envoyer elle aussi des présents : gâteaux, — que mangeait mon ordonnance, — petits objets en laine qu'elle faisait elle-même. Un jour ce fut une musette, une de ces musettes de Blad-Tafna, composée d'une grande poche tissée de laine et de poil de chèvre, recouverte de cordons tombant très bas et pomponnée de houppettes de laine multicolores. Tous ces présents me coûtaient fort cher.

Et là me blessait le bât. Je m'étais livré à des dépenses qui avaient grevé l'avenir, car je ne suis guère plus riche que vous. D'un autre côté, Ahmet, le mari, allait revenir bientôt.

Enfin, vous le dirai-je? je commençais à être las.

Désirer une femme arabe, bien! en faire sa maîtresse, non! cela n'est possible que peu de temps. Elle ignore les délicatesses du sentiment, le charme des caresses données ou reçues, les tendresses et tous les hors-d'œuvre qui font un mets si délicieux de l'amour à la française.

Déjà je songeais à rompre; une circonstance vint qui me décida.

En sortant, le soir, par la porte du bordj, je me faisais, à mon grand regret, un complice du gradé de garde. J'abandonnai bien vite cet indigne moyen pour en adopter un autre. Je fis appliquer à la tombée de la nuit, par Ben-Salem, mon ordonnance, une échelle contre le mur extérieur de mon pavillon. Je sortais par la fenêtre et je rentrais, le matin, par le même chemin. Avant le réveil, Ben-Salem enlevait l'échelle. Il oublia un jour de prendre cette précaution, et justement le capitaine vit l'échelle. Il me fit appeler, et m'emmenant au jardin anglais :

— Mon cher, me dit-il, je veux vous parler en ami. Si vous ne m'écoutez pas, j'agirai en capitaine.

Outre que vous faites des dépenses ridicules, vous êtes en train de vous faire montrer au doigt, et cela pour Thalia — vous voyez que je suis au courant — qui se moque de vous. Elle vous donne des rivaux en grand nombre, chacun le sait, et ne vient à vous qu'après avoir essuyé les manches des « djellabahs (1) » des Khammès. Hier encore on l'a surprise, près de la Mouïlah, avec Ben-Lifah, le chamelier. Croyez-moi, rompez là. Il est grand temps !...

(1) Vêtement marocain à demi-manches qui remplace le burnous.

Je résolus d'en finir, et le jour même j'envoyai à Thalia mon cadeau d'adieu par l'intermédiaire de Larby. Plus jamais je ne l'ai revue.

— Mais Thalia est-elle encore au douar ?

— Pauvre fille ! Elle est morte, et si tristement ! Un de mes remords, cela, car, en conscience, je crois avoir été pour quelque chose dans cette fin tragique.

J'étais parti, sur ces entrefaites, en détachement avec mon peloton. Un jour, deux hommes envoyés au ravitaillement me rapportèrent le récit suivant, qui, je l'ai su depuis, était absolument exact :

« Ahmed ould Abdallah était rentré. Le ménage allait mal ; Thalia brutalisait souvent les enfants du premier lit d'Ahmet. De plus, la présence de son mari ne l'empêchait pas de continuer la vie qu'elle menait alors qu'elle était seule.

« Ahmet le sut. Un jour, au café maure,

un de ses camarades le plaisanta. La veille encore des femmes avaient surpris Thalia dans les bras d'un sous-officier, tout près du tombeau de Sidi Bel Kheir. Furieuses du sacrilège, elles s'étaient jetées sur le couple, et, relevant les jupes de la coupable, lui avaient appliqué une maîtresse correction.

« Ahmet écoutait, absorbé. Tout d'un coup il se leva et sortit. Personne ne songeait plus à lui, lorsqu'il revint, et, tranquillement dit : « J'ai tué ma femme. » On crut qu'il plaisantait; mais sa persistance à répéter sérieusement : « J'ai tué ma femme », finit par inquiéter. On courut à sa tente. Entourée de voisines, que les enfants avaient attirées par leurs cris, Thalia râlait, le crâne ouvert. Ahmet l'avait trouvée bourrant ses petits; il lui avait fait des reproches et une discussion s'était élevée. Thalia, tout en répondant, s'agenouillait près du feu, pour s'occuper du dîner. Tandis qu'elle avait la tête baissée, Ahmet s'en approchait, et d'un coup de matraque l'étendait assommée. »

Et, en soupirant, Lecardinal ajouta :

« Pauvre Thalia, victime des mœurs de sa race ! Être d'instinct, sans autre éducation, lorsqu'elle est enfant, que l'exemple d'une mère qui, devant elle, se livre à ses amants, la femme arabe est poussée à croire l'amant une des nécessités de la vie, à l'égal du mari.

« Femelle lorsqu'elle est jeune, bête de somme lorsqu'elle vieillit, n'est-elle pas excusable alors de chercher, pendant qu'elle le peut, de quoi adoucir ses années de vieillesse ? Et ne sait-elle pas que, vieille, elle sera d'autant plus choyée, plus estimée qu'elle aura plus de bijoux et d'argent ?

« Ahmet a été condamné à trois ans de prison ; il aurait pu être acquitté.

« — Lorsque tu es sorti du café maure, tu n'avais pas la volonté arrêtée d'aller tuer ta femme ?

« — Si.

« Et on n'a pu le faire démordre de cette réponse qui, établissant la préméditation, obligeait à le condamner. Sans cela, ses juges ne demandaient pas mieux que de l'acquitter, comme font les jurés dans tous les crimes passionnels. »

*
**

15 novembre. — Encore une demande d'argent; d'un fournisseur, celle-là. Je lui ai envoyé un billet à trois mois. Je le lui devais bien : jamais encore il ne m'avait rien demandé. Comment je ferai le 15 février? Vraiment, je n'en sais rien. Les choses s'arrangeront peut-être d'ici là. — Inchallah ! s'il plaît à Dieu !

23 novembre. — « Moi, me dit Abd-el-

Kader ould Embareck, toutes les fois que tu sortiras à cheval, je t'accompagnerai!... »

Cet Abd-el-Kader est nommé par ses camarades, tantôt « Barboucha », parce qu'il a le visage troué par la petite vérole, tantôt « Maklouba », parce qu'il sait, aussi bien qu'une danseuse de profession, faire la danse du ventre.

Il me plaît, du reste, avec son sourire qui montre de si belles dents, et qui fait briller tant de douceur dans ses yeux. De plus, pas « caroutti » du tout; jamais malade, et faisant convenablement son métier.

Néanmoins, sa déclaration me surprend : ils aiment si peu sortir avec nous. Bien sûr, il va me demander quelque chose.

Au bout d'un moment :

— Dis, prête-moi un douro.

— Maklouba, tu le sais, je n'aime pas que vous me demandiez de l'argent. Je n'en ai pas... Mais pourquoi t'en faut-il? N'as-tu pas touché ton prêt avant-hier ?

— Si, mais mon prêt n'est que de sept francs parce que, en débet, j'ai dû faire un versement à la masse. Je suis pauvre, tu sais, — « ana mesquine », — et il ne me reste plus rien pour acheter de l'orge.

— Vous êtes beaucoup dans ta tente ?

— Six : moi, ma mère, ma femme, sa mère et deux enfants.

Pauvres gens ! J'ai eu pitié, et j'ai donné.

— Tu me le rendras en deux prêts.

26 novembre. — « Oumma », « yemma »; ou plutôt, en langage familier : « mmâ. » N'est-elle pas curieuse, cette façon d'appeler sa mère, la même dans tant de langues ? De même « baba » — papa.

30 novembre. — Demain, je pars pour Ad jeroud. Changer de place, remuer : ce qu'il y a de meilleur dans notre vie militaire.

ADJEROUD.

Sidi Bou Djenan, 1ᵉʳ décembre. — Un gîte d'étape, entre Adjeroud et Marnia, sur le territoire des Achaches. — Les Achaches! un vrai nom d'Indiens de Gustave Aymard!

Un saut de loup, large et profond, et un mur à hauteur d'appui, en forment la défense nécessaire en ce pays, souvent visité par les voleurs marocains.

Dans la maison, deux chambres reliées par une cuisine. La chambre de l'aile droite est réservée au commandant supérieur et aux officiers du bureau arabe, — qui n'y séjournent jamais. — Celle de l'aile gauche est pour les pauvres diables d'officiers de troupe comme moi, et pour les seigneurs arabes de peu d'importance. La cuisine sert à la troupe et aux mesquines.

Adossé au bâtiment, un hangar pour quelques chevaux.

Dans un angle du mur d'enceinte, un kahouadji, fermier du caïd, a installé sa bouilloire noircie où chante constamment l'eau du café.

Hors de l'enceinte, une source abondante et quelques puits d'eau très fortement magnésiée. Comme auprès de toutes les sources, un marabout. Du milieu de celui-ci s'élance une gerbe de palmiers, l'un des troncs, trop incliné, traversant le mur du monument.

La nuit est glaciale. J'admire mes hommes qui, roulés dans leur burnous, dorment à même le sol dans la cour. Et puis, un peu plus tard, je les comprends et les envie : ils ne subissent pas comme moi les attaques de légions de puces.

Adjeroud, 2 décembre. — Deux Kabyles

m'ont demandé de marcher avec mon convoi. La route, côtoyant la frontière de très près, n'est pas sûre. Une balle est vite reçue, dans ces broussailles, d'un bord à l'autre de la rivière.

Deux points sont dangereux surtout : Bab el Melah et Menasseb el Kiss. Les vols y sont fréquents, et parfois les assassinats.

A partir de Menasseb el Kiss, — trois pitons nus, trois mamelles de géantes, — la vallée du Kiss s'élargit, très fertile et très cultivée. En de certains points, comme Sidi Mellouk, sont des jardins plantés d'orangers.

De tous côtés les laboureurs sifflaient, leur façon, à eux, d'activer le travail des ânes qui tirent la charrue. Par endroits, déjà des orges commençaient à lever.

Encore une dizaine de kilomètres, et nous arrivions à l'emplacement des marchés, — Souk Adjeroud, — pour la surveillance desquels notre détachement a été décidé.

Des deux côtés de la rivière, un espace nu, en pente, entouré de masures ; à travers l'eau peu profonde du Kiss, des pierres plates servant de pont.

Encore une montagne à grimper, et nous étions au bordj, — une miniature de bordj, où ma chambre, celle des hommes, la cour, les écuries, sont tellement réduites, qu'on n'aurait pu y loger un homme ou un cheval de plus.

Il est vrai qu'adossée au fortin s'élève une construction assez vaste, destinée à loger les heureux du bureau arabe dans leurs tournées, mais fermée pour nous.

Abd-el-Kader m'attendait. Sitôt la consigne du poste prise, j'ai fait grand honneur à son déjeuner.

Dans l'après-midi, fait mon « tour d'horizon ».

Le bordj est flanqué de deux cafés maures : celui de droite, au juif Yakoub, fournisseur de fourrages et vendeur de quelques articles pour

Arabes et spahis, « la bédidé coummèrce »; celui de droite affermé par le caïd des Beni-Mengouch.

Au delà sont semés au hasard, comme d'immenses nids, tantôt accrochés au flanc de quelque montagne, et tantôt couronnant un mamelon, des villages kabyles dont on entrevoit à peine les maisons cachées au milieu d'épaisses et hautes enceintes de cactus.

Grande activité partout; on profite, pour labourer, de ce que les terres sont détrempées par les dernières pluies.

Au delà du dernier village seulement, l'horizon se teinte de bleu foncé; c'est la brousse qui commence, la brousse épaisse et sans fin, où poussent enchevêtrés les lentisques, les épines de toute sorte et les thuyas.

Voilà pour le côté cour de ma garnison nouvelle. Pour voir le côté jardin, je m'étais m'adossé, derrière le bureau arabe, contre le marabout de Lalla-Salma, dans lequel de larges taches de bougies étalées sur le sol prouvaient que, comme les chrétiens, les musulmans savent « brûler des cierges ».

J'avais devant moi, immobile et très calme, la mer.

J'ai d'abord envoyé, par delà, un salut plein de tendresse aux miennes dont le souvenir est venu m'attendrir. Il me semble que je me suis rapproché d'elles. Je sais pourtant qu'il n'en est rien, en réalité. De l'autre côté de la mer, c'est l'Espagne, et derrière moi, j'ai allongé de deux jours le chemin à parcourir jusqu'au bateau d'Oran.

Mon poste d'observation se trouvait placé sur le pourtour supérieur d'un vaste amphithéâtre en hémicycle, cirque gigantesque dont la grande plaine des Trifas forme l'arène.

Tout près, le Kiss y pénètre par une porte monumentale et sauvage, taillée dans le roc; là-bas, très loin, la Moulouïa la traverse aussi, — la Moulouïa, notre frontière naturelle plutôt que le Kiss. — Des exutoires, digne de ce Colisée des temps fabuleux. Ils ont charrié déjà du sang français vers la mer : n'en entraîneront-ils plus ?

Le sable jaune de l'arène, baigné par une mer calme, se termine par une mince frange d'écume blanche. Puis le bleu infini de la mer, à peine taché de noir par trois rochers. Les îles Shaffarines, pénitencier espagnol, sentinelles qui surveillent cette terre marocaine dont les futurs débris sont tant convoités. Attaquées, leur cri d'alarme serait entendu de la sentinelle voisine, Melilla, solidement ancrée non loin de l'embouchure de la Moulouïa.

Le Maroc aussi a l'air de veiller ; il a sa sentinelle, lui aussi. Ces grands murs blancs à l'embouchure du Kiss, c'est la Kasbah du caïd Si Allel. L'envoyé du Sultan, un vieillard, est, me dit-on, tellement peu aimé des tribus voisines, il se sait si dénué de prestige qu'il reste enfermé constamment dans sa redoute, avec quatre ou cinq soldats penailleux.

D'un côté, une autorité à son déclin ; de l'autre, un bagne ; chez nous un peloton de vigoureux spahis : c'est nous qui avons la meilleure part.

3 décembre. — Abd-el-Kader est parti dans la nuit. Me voici donc seul, avec tout un mois d'indépendance en perspective. Le beau côté de la vie du soldat en Algérie, ces détachements où, très isolé, l'on est obligé d'avoir recours à son industrie, où, en même temps que petit chef militaire, il faut savoir être son fournisseur et son cuisinier.

Inutile ici de compter sur le convoi : il arrive tous les cinq jours seulement, et les deux jours qu'il met à venir empêchent tout ravitaillement sérieux à Marnia. — Visité le caïd marocain, Si Allel. — Entre voisins, il est utile de vivre en bonne intelligence. — Après nous être tous deux juré longuement que nous étions très heureux de nous connaître, nous avons scellé nos serments d'une tasse d'excellent café. Très aimablement le vieux caïd voulait me faire manger le mouton rôti. J'ai accepté, non pas pour aujourd'hui, mais pour un jour que je lui fixerais dans la suite.

Fait avec lui le tour du propriétaire. Cette kasbah m'a rappelé une définition qui m'amusait beaucoup, enfant : « Un canon, c'est un trou rond avec du bronze autour. » Et je ne trouve pas un genre meilleur pour la décrire : « Un trou carré avec des murs autour. » Seulement ce carré est très grand; ces murs, — car il y en a deux parallèles, — forment une enceinte de quatre mètres de hauteur qui n'est qu'une large galerie couverte, coupée en tranches égales servant de logement à Si Allel, à ses serviteurs et à ses soldats.

Au départ, nouvelles effusions, auxquelles je me suis arraché pour filer vers la mer, que j'étais tant heureux de revoir de près.

A Mersa Ch'titt. Une petite baie resserrée entre les montagnes. La plage, deux bandes de sable en demi-cercle, venant se nouer au milieu, à un immense rocher isolé battu par la mer.

Le soleil est si chaud, la baie si abritée qu'un désir me prend. Je tâte l'eau, la trouve pas trop froide, et je prends un bain. L'idée seulement de pareille audace sur les côtes normandes fait frissonner.

Ici, c'était délicieux.

4 décembre. — Dimanche. Jour de marché.

Peu de monde encore, lorsque j'ai pris mon service. Mais il en venait par tous les chemins qui rayonnent autour du « souk ».

Les hommes qui portaient un fusil étaient arrêtés par mes factionnaires. On n'entre qu'après avoir mis ses armes... au vestiaire : telle est la consigne.

Dans les champs voisins, des faisceaux se formaient, dans les espaces qui n'étaient pas occupés par les chevaux laissés là, entravés à peine.

Ou bien des fusils étaient fichés çà et là, les canons en terre; d'autres étaient piqués dans les haies. Précaution vaine qui n'a jamais empêché une échauffourée.

Il suffit d'un clin d'œil pour que chacun saute sur son arme, se porte d'un côté du Kiss ou de l'autre, suivant son origine, et, le doigt sur la détente, se tienne prêt à tirer.

Les motifs de ces bagarres? me conte Abdallah mon sous-officier, un nègre fort intelligent qui n'en est pas comme moi à son premier détachement, — il y en a de différents.

Les plus futiles, parfois; une discussion trop vive pour le prix d'un « moud » (1) de

---

(1) Le moud vaut environ 70 kilos; la kharouba est la onzième partie du moud.

blé ou d'une « kharouba » d'orge, discussion dans laquelle des voisins prennent parti.

Puis, toutes les tribus voisines, — chez nous, les Beni-Mengouch et les M'sierda; chez les Marocains, les Beni-Snassen et les Oulad-Mansour, — sont d'allures guerrières.

Souvent en lutte entre elles, autrefois surtout, elles se sont fait mutuellement beaucoup de morts et de blessés.

Le sang appelle le sang s'il n'est racheté par le prix du sang. — Absolument la vendetta corse. — Il suffit alors d'une rencontre inopinée entre gens qui « se doivent le sang » pour qu'une vengeance soit tirée.

Depuis la création du poste des spahis, le marché est presque toujours calme.

Il y a peu d'années pourtant, — je l'ai entendu conter souvent, — un de nos officiers indigènes, Aïssaould-Saad, s'est trouvé dans une situation très périlleuse.

Il avait été chargé d'arrêter un Marocain

que, par des rapports secrets, l'on savait à Adjeroud ce jour-là.

L'opération, entravée, ne réussit pas du premier coup. Tout le marché prit parti contre l'officier, qui fut obligé de reculer jusqu'à la redoute devant plus d'un millier de gens menaçants.

Pour le moment, en tout cas, le marché, qui s'est empli peu à peu, est d'allure tout à fait pacifique.

Les masures qui forment l'enceinte se sont peuplées de kahouadjis et de Juifs vendeurs d'épices, de cotonnades et de tabac.

Les dominant, le corps de garde a fort bon air avec mes spahis au costume qui tire l'œil, accroupis contre le mur, en arrière de leurs faisceaux. A côté, ma tente se profile toute blanche sur le fond roux de rochers qui surplombent.

Un peu plus haut, quelques groupes se détachent : le cadi rendant la justice ; des notables réunis en djemaa; nos chevaux, très beaux sous la selle recouverte de filali et avec la bride de peluche rouge, piaffant, grisés par l'approche de quelque maigre jument.

Et plus haut encore, au-dessus des rochers, la blanche zaouïa de Sidi Mamoun, où le thaleb Si Mohamed ben Mekki, maître d'école et muezzin, enseigne le Khoran aux petits Beni-Mengouch, — une profession qui rapporte, à en juger par les vastes et nombreux jardins de Si ben Mekki, tout contre le marché.

— « Sidi offician !... »

Un Marocain, me montrant son fusil, vieille pétoire à pierre, aux canons de longueur démesurée, demande l'autorisation de le vendre.

Pendant les explications données, des curieux ont formé le cercle, me dévisageant. Je les renvoie rudement. Je fais ensuite mon tour de marché. Le passage n'est pas facile, et bien souvent je suis obligé d'enjamber pardessus quelque vendeur somnolent ou d'écarter des bourriquots à coups de matraque.

Déjà le « samar » a installé sa maréchalerie en plein vent. Des chevaux sont tenus groupés auprès de sa forge, pendant qu'il applique rapidement la feuille mince et pleine du léger fer arabe.

Des savetiers juifs raccommodent des babouches. Tout est sale chez eux : leurs immenses ciseaux, leurs alènes, leurs cuirs et leur personne.

Sous une tente légère, deux malheureux sont assis par terre, très raides, tournant le dos à un « tebib » (1) qui leur applique à chacun deux ventouses dans la nuque et leur tire ainsi une pinte de sang. D'autres, dehors, attendent leur tour. Et, tout à côté, des bouchers coupent la gorge à des moutons ou à des chèvres qu'ils suspendent ensuite, pour les découper, à de primitifs crochets de bois. Des

---

(1) Tebib, médecin.

chiens se disputent, en grognant, le sang coulé sur le sol.

Plus loin, un coin plus réjouissant. Une quinzaine de fillettes en cercle, vendant des galettes de pain. Leurs frimousses gracieuses et jolies levées, elles me dévisagent, curieuses.

Leur tenue n'est pas douteuse ou souillée comme celle de leurs grand'mères qui parcourent le marché en tous sens. Leurs cheveux retombent dans le dos en deux nattes noires, — parfois blondes ou même rousses, nuance commune chez les Kabyles, — tressées avec des fils de laine de couleurs différentes et terminées par des glands de laine très allongés. Elles ne portent pas la chéchia pointue, mais un mouchoir de couleur voyante, généralement rouge, qui leur enveloppe la tête, et, courant par-dessus, les chaînettes d'argent qui soutiennent leurs cercles d'oreilles.

Autre groupe analogue, où l'on offre du sel espagnol, de contrebande sans doute.

Alignés en de longues rangées, des nègres et des esclaves sont assis derrière des couffins de fruits et de légumes. Ailleurs, des vieilles, sales et déguenillées, offrent des poulets et des œufs. Elles ont aux poignets des bracelets de corne ou de bois noir, et, sur la poitrine, un petit miroir encadré de cuir.

Pauvres vieilles, à moitié nues, avec quelque chose d'informe entrevu dans l'entre-bâillement des étoffes, une peau flasque et chiffonnée qui retombe et qui fut peut-être un joli sein.

En une place réservée, beaucoup de poteries kabyles, des nattes en laine et alfa, des tapis, des sangles, des musettes, des ceintures de femmes.

Plus près de la rivière se tient le marché aux grains, qui est un rendez-vous de Juifs. Et à côté, le marché aux troupeaux, très arabe, celui-là.

Très entouré, un Marocain, au milieu du brouhaha, étire des bâtons de caramel.

Près du gué, des Juifs de Nemours accaparent les volailles et les œufs apportés par ceux de l'autre côté de l'eau. Double bénéfice pour eux! celui du commerce et celui du change, car ils payent en monnaie espagnole, qui, en Algérie comme en France, n'a pas cours.

Un Aïssaouï me demande l'autorisation de donner une représentation. Je l'accorde. Aussitôt la flûte et le benndir commencent de résonner, attirant des cercles de curieux. L'Aïssaouï avale des bâtons, met dans sa bouche des vipères à cornes et tourne comme un fou. — Le tout entremêlé d'invocations à Allah ou à ses saints, et assaisonné de plaisanteries qui font rire.

De l'autre côté du Kiss, moins considérable et moins animé, est le marché marocain, entrepôt des choses de contrebande : bougies, cotonnades et sucre de provenance anglaise, grossières poudres marocaines et cartouches espagnoles. Nos indigènes vont s'y approvisionner, — mais en se cachant.

La contrebande n'est pas de mon ressort, c'est affaire aux douaniers, qui, de temps en temps, viennent faire des rafles.

Tandis que je circule, à chaque instant je suis arrêté par quelque quémandeur. Encore deux hommes qui veulent être autorisés à vendre des fusils. Cela me surprend.

— Ils n'ont donc rien à manger, Abdallah, pour vendre ainsi leurs armes?

— C'est parce qu'ils veulent acheter des fusils à « pitition »...

Puis des gens qui sont en désaccord me prennent pour arbitre : ça vaut mieux que le cadi, qui commence toujours par leur dire : « C'est tant! » Ce rôle de saint Louis sous le chêne de Vincennes m'amuse d'abord; mais comme ils sont trop à recourir à moi, je finis par les renvoyer tous à leur juge et vais me réfugier dans ma tente.

Vers onze heures, le marché commence à se vider.

D'abord, les femmes s'en vont. S'installant sur les deux rives du Kiss, aussi loin que la vue s'étend, recouvertes seulement de costumes très sommaires, elles lavent leurs autres nippes dans la rivière.

L'air est rempli du bruit des battoirs; les galets et les lauriers se couvrent du linge qui sèche.

Les hommes, pendant ce temps, terminent leurs affaires, boivent un dernier coup de thé, et puis, s'en retournant, emmènent les ânes et les femmes.

5 décembre. — Après dîner, chez Yakoub, mon voisin.

Quelques barrettes de thé ont mis les spahis en joie.

Chants et danses.

Leurs musiciens? — Bel Kheir ould Kaddour, qui ne part jamais en détachement sans emporter sa flûte en roseau, et Kaddour ould el Hadj, que sa maëstria à faire résonner le tambourin a fait surnommer le « brigadier benndir ».

Les danseurs? — Quatre quelconques d'entre eux pour la danse du fusil; un seul pour la danse du ventre, Abdel Kader ould Embarek, — « Maklouba », — qui, la figure voilée, semble une femme, tellement il s'agite avec grâce.

Vers neuf heures, entrée à sensation des Arifs, race particulière, où tout le monde sait chanter, danser ou jouer de quelque instrument.

De mœurs très dissolues, ils courent les fêtes et les cafés maures des deux côtés de l'eau, tantôt leurs femmes, tantôt aussi leurs fils, cherchant à plaire.

Ils sont venus trois. Le plus âgé souffle en gonflant ses joues dans un instrument bizarre :

deux très belles cornes, absolument pareilles, garnies d'argent et de fanfreluches, rapprochées par leurs pointes qui communiquent chacune à sa bouche par un long tuyau. — Il marche, élevant et abaissant l'instrument, soufflant tantôt dans une seule corne, tantôt dans les deux, sautillant d'un pied sur l'autre; en même temps les deux jeunes, tout en tapant du benndir, dansent un pas auprès duquel la danse du ventre est un spectacle très moral.

A chaque instant ils s'interrompent et tendent leur benndir; une pièce d'argent ou seulement de bronze y tombe, donnant droit à une sorte de hurlement d'honneur :

— Honneur au sidi offician sbahis! Honneur à celui-ci, honneur à celui-là! Honneur à tout ce qu'on veut, pourvu qu'on paye!

Intermèdes comiques par les spécialistes du peloton :

Ben Amar bou Zian, en Aïssaouï, avale un

inoffensif ceinturon en guise de vipère cornue.

Abd-el-Kader bou Zian, mon cuisinier, est, lui, le vrai boute-en-train du détachement. Vieux, laid, hideux même et parlant du nez, il singe tout ce qu'il voit avec un rare talent d'imitation.

Son répertoire, très varié, s'augmente tous les jours.

— Abd-el-Kader, la machina, l' carossa el nar (la voiture de feu) ! crient-ils.

Alors Abd-el-Kader se campe, fait une horrible grimace à la ronde et commence : flou-flous de la vapeur, coup de sifflet du chef de gare, appels stridents de la locomotive, rien n'est oublié.

Puis viennent des cris d'animaux, si parfaitement imités que, du dehors, coqs, poules, chiens, moutons et boucs répondent, à la grande joie de ceux qui écoutent.

Le fonds invariable de tout programme d'Abd-el-Kader, son grand succès, qui l'a rendu célèbre dans la province, ce sont les scènes d'accouchement.

Tantôt il fait comme une « roumia », couchée, geignante, tantôt comme une « ihouddya » dont il dit les plaintes hébraïques, tantôt enfin comme l' « arèba », qui se soutient debout en tirant sur une corde attachée à l'un des étais supérieurs de la tente; il pleure et se lamente misérablement.

Un soulier enfoncé dans les plis de son « serouel » représente l'enfant, dont l'arrivée est accompagnée d'horribles contorsions de sa vilaine figure.

— Bou Zian, l'ours! Bou Zian, le tebib!...

Et il fait l'ours, il fait le « tebib » et cent autres inventions parfois aussi décolletées que celles de leur Karagueuz.

Aussi, très aimé, Bou Zian, de tous, même de moi, parce qu'il est encore brave homme, dévoué et débrouillard.

6 décembre. — Ces Juifs, on les trouve partout, en Algérie, aux endroits les plus isolés, auprès des postes les plus lointains. On est parfois, il faut le dire, bien heureux de les trouver.

Affaire d'intérêt pour eux? C'est vrai, mais cet intérêt qui les pousse à commercer si loin n'existe-t-il pas pour d'autres?

Pourquoi les chrétiens ne les imitent-ils pas sous ce rapport?

— Mon voisin, Yakoub, est un Cohen. « Les Cohen, disait le Ihoudda de la smaala, sont la première des tribus d'Israël; les Lévy ne sont que la seconde; quant à tout le reste, c'est de la racaille! »

Son père, Brahim, mort depuis quelques années, avait servi de guide à une colonne française envoyée chez les Beni-Snassen, en je ne sais plus quelle année. En récompense de ce service, lui avait-on cédé quelque grosse concession?

Je ne sais. En tout cas, il a légué à Yakoub beaucoup de terres, qui ne provenaient sûrement pas de là.

Son procédé pour s'arrondir était très simple. Il prêtait de l'argent à des Arabes, sans intérêt.

— Mon père n'a jamais prêté avec intérêt, dit Yakoub avec fierté. Si à la date convenue l'argent n'était pas rendu, lui, Brahim, entrait en possession de tel lot de terrain. Voilà tout; et il leur donnait tout le temps qu'ils voulaient.

Ces bons procédés ne l'ont pas fait aimer beaucoup. Si jamais, prétend-on par ici, le vieux Brahim avait osé traverser le Kiss, c'en était fait de lui : les Marocains le tuaient.

Yakoub est plein de prévenances pour moi depuis mon arrivée. J'ai été mis en méfiance tout d'abord parce qu'il est mon sous-fournisseur de fourrages.

J'ai compris aussi qu'il avait un gros intérêt à me voir préférer son café maure à celui du caïd : Où va l'officier, vont les indigènes. Ma résolution a été dès lors prise : je resterai chez moi le soir. Cette solitude un peu trop complète me pèsera bien parfois. Mais de cette façon seulement je pourrai garder la neutralité et l'indépendance nécessaires.

7 décembre. — Pluie battante ; aussi, pas de marché, bien que ce fût le jour. Suivi le tableau de travail ordinaire.

Le matin, travaillé Machuel (1).

Quelle langue irrégulière, que cette langue arabe ! Pas deux pluriels qui se ressemblent, pas deux verbes non plus. Et combien changeants les caractères de l'écriture courante !

L'après-midi, chassé sous la pluie. Rester inoccupé serait se condamner à l'ennui.

Le soir, des cris m'ont attiré vers la chapelle de Lalla Salma. Un âne irrévérencieux

---

(1) *Étude de l'arabe parlé,* de Machuel.

s'était introduit dans le pauvre petit monument. Ahuri par les cris et les coups de matraque de ceux qui cherchaient à l'expulser, l'animal s'entêtait et ne voulait plus sortir.

Cependant, le temps s'était remis. Le soleil s'est couché en grande pompe, là-bas, du côté de Gibraltar ; la nuit est descendue vite et le calme s'est fait, un grand calme à peine troublé par le roulement lointain des vagues qui, furieuses, montaient à l'assaut de la terre.

L'un après l'autre, dans la grande plaine des Trifas, s'allumaient les feux dans les douars des Oulad Mansour, lesquels sont de nos amis. De plus en plus enveloppée d'ombres, la pointe de la Moulouïa disparaissait, trop éloignée pour que se pussent voir les feux de ses tribus fanatiques.

C'est bien à la Moulouïa que commence la terre impénétrable pour nous. Lecardinal l'a su à ses dépens.

Quelle idée saugrenue aussi, d'avoir voulu pêcher à la ligne dans cette rivière! Mal lui en a pris. Donc, il pêchait. Mais un cri soudain s'est élevé : « Iah l'Roumi! » Un berger l'a poussé; de suite, d'autres bergers l'ont répété. Et après un moment sort du village voisin une cohue de gens armés; ils s'avancent en criant des menaces vers le pêcheur, qui n'a que le temps de se sauver.

Cette histoire, qu'il m'a contée autrefois, me revient en mémoire, et je ne puis m'empêcher de sourire en pensant à l'épilogue.

Le sultan, prévenu qu'un officier étranger avait pénétré au Maroc, ordonne à Si Allel de faire une enquête.

— Que dois-je répondre? demandait le vieux caïd au coupable.

— Dis-lui qu'il est venu en effet un officier russe du nom de Soufinirof, mais qu'il est reparti tout de suite.

Ce nom de Soufinirof est celui d'un oued qui

se jette dans la Tafna, à quelques kilomètres au nord de la smaala.

Si ce n'était vrai, c'était du moins drôle. Ce Lecardinal a tant d'imagination !

9 décembre. — Abdelkader Bou Zian, quel cuisinier ! En avalant avec appétit ce qu'il me sert, je pense, comme le proverbe allemand, que « la faim est un bon cuisinier ».

Cet Abdelkader, je l'ai surpris ce matin mangeant un morceau de lard.

— Tu manges du cochon ? Et que te dira Mohammed lorsque tu seras mort ?

— Mohammed ? Tiens, li voilà, Mohammed ! fait-il en se frappant le ventre.

Recueilli un déserteur espagnol. Il vient de Melilla, où il servait.

Une odyssée, sa désertion.

Pris par les Marocains, dépouillé de tout, forcé à labourer pour eux, il a été obligé de déserter une deuxième fois. Se cachant le jour, marchant la nuit, il vient d'échouer au poste, hâve, affamé, misérable, ayant pour tout vêtement les restes d'un pantalon en loques. Les spahis lui ont donné du pain, et je l'ai expédié au caïd, qui le fera conduire à Marnia.

10 décembre. — Déjeuné chez le caïd, — un excellent homme, qui s'ingénie à m'être agréable.

Parlé avec lui du peu de sécurité du pays. Quelques « djichs marocains », bande de voleurs, très audacieux, font des incursions, la nuit, sur notre territoire.

Un personnage marocain m'a donné sur le chef de ces bandes, El Hadj Nouar, des renseignements que j'ai transmis au bureau arabe. J'ai reçu l'ordre de patrouiller beaucoup. Le caïd, lui, a échelonné quelques postes le long de la frontière.

11 décembre. — De Machuel.

Quelques leçons de choses en proverbes :

— Ne chasse jamais un chien sans savoir quel est son maître.

— Le chien qui a de l'argent, appelle-le : « Monseigneur. »

— Dis à celui que tu rencontreras monté sur un âne : « Monseigneur, je te fais mon compliment sur ce cheval. »

— Lorsque tu vois deux hommes se fréquentant, sois sûr que l'un est la dupe de l'autre.

— Si tu es piquet, patiente !

— Si tu es maillet, frappe !

— Ta paupière seule pleurera pour toi.

— La femme fuit les cheveux blancs, comme la brebis fuit le loup.

— Si la porte de l'amour t'est fermée, il te reste celle de l'or.

12 décembre. — Neuf heures du soir. Depuis un moment, je rêvassais dans ma chambre lorsque le son d'une flûte s'est élevé ; Bel Kheir ould Kaddour, garde-écurie, se distrayait dans la cour, avec sa « guessba » coupée dans un roseau.

Après quelques trilles d'essai, il a commencé le *Chant du lion*.

Souvent je l'ai entendu, ce chant ; jamais avec le même plaisir que ce soir, en ce profond silence.

Le *Chant du lion* est un naïf essai de musique dramatique, le seul que je connaisse aux Arabes. Il leur a fallu rien moins que la peur d'un animal redouté par-dessus tout, pour les inspirer. Encore, — tellement sceptiques ils sont devenus à l'égard du lion, ceux d'ici au moins, — ne retrouveraient-ils plus maintenant ces accents où se peignent tour à tour l'angoisse et l'espoir, qui sont tantôt un sanglot, tantôt un chant guerrier, tantôt une plainte, tantôt un chant de triomphe, et que coupent le glapissement du renard et le rugissement du lion.

Le livret en est bien simple.

Deux amants se promènent, la nuit, du côté des bois. Les cris d'un renard (1) les inquiètent. Presque aussitôt après ils entendent la voix du lion.

Ils ont peur et tremblent.

Le lion s'élance sur l'homme, d'un coup de patte l'étend par terre inanimé, puis l'entraîne vers la forêt.

Chant de désespoir et de mort de la femme qui, loin de fuir, suit l'animal qui emporte son amant.

Aux premiers arbres, l'homme, heurté violemment contre une souche, est blessé au front, son sang coule. Mais la douleur le ranime : il tressaille, il n'est pas mort. Du courage, et tout espoir n'est pas perdu.

Le chant de mort est remplacé par un chant

---

(1) Le cri du renard, au loin, la nuit, est un indice important : il signifie que quelqu'un est ou passe près de là. De même aussi lorsque les grenouilles cessent de chanter près d'une rivière.

de guerre, qu'entrecoupent les gémissements du blessé.

Avec la vie, le courage est revenu. L'homme prend son « kabous (1) » et tue le lion.

Chants d'allégresse des amants qui reprennent le chemin du douar, où ils racontent ce qui vient de leur arriver.

« Avoir échappé au lion, c'est une merveille que nos enfants doivent connaître. Je vais vous la raconter sur ma « guessba (2). » Et celui qui avait parlé, un musicien, composa aussitôt ce chant du lion que les générations se sont transmis.

C'est du moins ce que m'a conté Moustapha, le thaleb.

13 décembre. — Du côté de la mer avec Bel-Kheir-Ould-Kaddour.

(1) Kabous, pistolet que les Arabes portent toujours sur eux.
(2) Guessba, flûte en roseau.

Nous croisons une belle fille qui me dévisage en souriant.

Je souris de mon côté tout en continuant de marcher. Il faut de la tenue, si près des villages. Cela importe peu à Bel-Kheir, qui s'arrête pour bavarder, puis me rejoint un moment après.

— Qui est-elle?

— Honana.

— Mariée ou fille?

— Veuve.

— Que t'a-t-elle dit?

— Nom d' Dieu! il est beaucoup joli, ton offician!

N'est-ce pas exquis?

Les belles filles, du reste, ne sont pas introuvables. Pour en voir, il suffit d'aller à l'unique puits de la région, lorsque les spahis vont faire boire leurs chevaux. Mais les maris ne sont pas contents. Le caïd me dit qu'ils se plaignent de ce que les spahis chantent en passant auprès des femmes.

— Dis-leur, ai-je répondu, qu'ils défendent à leurs femmes de passer près des spahis !

14 décembre. — Grande nouvelle au marché.

On aurait apporté au bureau arabe la tête du fameux chef de Djich, El Hadj-Nouar. Elle était mise à prix, cette tête ; c'est ce qui a décidé un ami à la livrer. Et tout le monde est content : l'ami qui touche la forte somme, les Beni-Mengouch qui sont débarrassés de ce dangereux voisin.

— Des matelots espagnols circulent à travers la foule, raflant toutes les volailles qu'ils trouvent. Dès qu'ils me voient, l'un d'eux vient me présenter un papier.

« Ruego al señor oficial de la guardia francesa en el Kiss permita embarcar á bordo de la barquilla Padre Eterno, señor patron Francisco Oses, varios géneros para suministro de esta plaza.

« Chafarinas, 13º de diciembre.

« *El Gobernador*,
« Telesforo Maroto. »

Grâce à ce papier, — plus ou moins bien déchiffré par moi — mais que je comprends, — je puis les laisser faire leurs provisions.

— Les officiers des Chaffarines, ajoute le matelot, vous font leurs amitiés. Ils ont l'intention de venir vous faire une visite d'ici peu de temps. Ils vous invitent à aller les voir.

— Je serai, dites-le-leur, très heureux de faire leur connaissance.

Chef de poste, je ne puis, quant à moi, m'absenter, mais je les attends.

15 décembre. — Les Arifs sont venus me proposer une battue au sanglier. J'ai refusé, sachant, par l'expérience des autres, ce que ces expéditions coûtent de pièces d'argent et de tasses de thé ou de café, sans jamais aboutir.

Il y a pourtant pas mal de sangliers dans la brousse.

Avant-hier encore, Tiout, mon sloughi, en a poursuivi deux. Je préfère les chasser sans l'aide des Arifs...

— Ici, les indigènes ont une façon originale de distinguer le vulgaire cochon du sanglier.

Cochon et sanglier sont tous deux des « halloufs », mais le cochon est le « hallouf cibil », le sanglier le « hallouf militaire ».

16 décembre. — C'est un défilé, dans ma chambre, tous les matins : « Ed doua ! » — Le remède ! — Donne un remède ! — Médication facile : quinine pour les fiévreux, alcoolé d'opium et bismuth pour ceux — beaucoup plus nombreux — qui ont la diarrhée. Je serai bientôt grand « tebib ». Déjà j'ai quelques guérisons à mon actif.

17 décembre. — Surpris Ab-Kad'r, mon cuisinier, qui, pour graisser son sabre, le passait et repassait en plein dans le lard qui me restait.

Il a été bien étonné lorsque je lui ai dit que ce n'était pas très propre.

18 décembre. — Rentrant de patrouille, le cheval de Mohammed-Ould-Amara, pris de coliques, est mort. Une indigestion : il mangeait trop.

Son maître, qui avait l'habitude de chiper l'orge des voisins pour lui, pleurait à chaudes larmes.

— Jamais je ne retrouverai, sanglotait-il, un aussi bon cheval ! Il n'était jamais « nègre » (maigre) !

Et comme Rachel : *Plorans filios suos, noluit consolari.*

19 décembre. — Tu ne connais pas, m'a dit

Abdallah, j'en suis sûr, cette femme qui est venue chercher de la quinine? Elle a été fort belle autrefois.

Un officier du poste, l'ayant remarquée, lui avait fait des propositions qu'Aïcha, — c'est son nom, — n'avait pas repoussées. Elle avait juré, devant le marabout, qu'elle serait sa maîtresse, pourvu qu'il lui donnât dix douros.

La somme versée, Aïcha laissa l'officier se morfondre, et ne voulut plus entendre parler de lui.

La femme faisant défaut, il fallait du moins rentrer dans ses fonds. Plainte au cadi, qui fait venir la coupable.

— As-tu promis, demanda-t-il, que tu serais la maîtresse de l'offician s'il te versait dix douros?

— Oui.

— A-t-il donné l'argent?

— Oui.

— Pourquoi ne tiens-tu pas ton serment?

— Parce que je ne veux plus de lui.

— En ce cas, rends les douros.

Et, séance tenante, elle a rendu l'argent.

Comme au Pont-Neuf.

Reçu la visite de El-Hadj-Mohammed-Ould-Bachir, caïd de la tribu marocaine des Beni-Snassen.

Chassé, pour je ne sais quel motif, par ceux de sa tribu, il est allé se plaindre au Sultan, qui lui a promis le secours des goums de l'amel d'Oudjda pour le faire rentrer dans son caïdat « bessif » — par force.

En attendant, El-Hadj est venu passer quelques jours à Adjeroud, où il possède de très beaux jardins.

Tout en buvant le café que je lui offrais et en protestant de ses bons sentiments pour les Français, il vidait le magasin d'une carabine Winchester, dont les douze coups excitaient l'admiration des spahis.

En se levant :

— Je suis content de te connaître, fait-il. Mes jardins ici sont à toi. Si quelque chose t'y plaît, dis-le, et on te l'apportera.

Puis il salue et donne aux spahis un douro d'Espagne (1) « pour boire le café ».

20 décembre. — Mohammed-Ould-Rabah est tombé très malade la nuit dernière.

Il avait un peu de délire et se plaignait de souffrir partout.

Fort inquiet, je ne savais trop que faire, quelle décision prendre. Je pouvais le diriger sur l'hôpital : était-il humain de lui faire faire cinquante-cinq kilomètres à cheval dans cet état? C'était le tuer sûrement. D'un autre côté, j'étais incapable de lui donner les soins nécessaires.

Je me suis décidé à envoyer un cavalier à

---

(1) Bou-Metfah, — père du canon, — ainsi nommé à cause des colonnes d'Hercule gravées au revers et qu'ils prennent pour des canons.

Marnia, le plus rapidement possible, pour en ramener le médecin, qui malheureusement ne pourra être ici avant demain, — et d'ici là le malade sera sans soins.

Les hommes, peinés de le voir dans cet état, m'ont demandé la permission de faire chercher un thaleb connu dans le pays pour ses cures merveilleuses.

Ils ont foi en lui, et la foi opère des miracles. A la nuit, le thaleb est arrivé. Il s'est accroupi près du malade, couché sur une paillasse à même le parquet, et l'a regardé longuement sans rien dire. Il lui a pris les mains, a paru inspecter le dessus des ongles, a hoché la tête, toujours muet. Tirant de son capuchon un livre et un encrier en corne, il a taillé un petit roseau; puis, coupant en petits morceaux une feuille de papier blanc, il en a pris un carré, a ouvert son livre, et, avec son roseau en guise de plume, il a copié une prière appropriée sans doute à la circonstance.

Il s'est fait apporter un brûle-parfums, y a jeté quelques grains d'encens, a déposé sur les charbons ardents l'amulette, après avoir fait soulever un peu le malade de façon qu'il pût aspirer la fumée du papier qui brûlait.

Autre prière ou recette appliquée à peu près de la même façon.

Une troisième est trempée dans de l'eau tiède, puis retirée de l'eau et mise sur le front du malade.

Après quoi le thaleb s'est levé en marmottant quelques mots, et il est parti.

Malgré les tristesses de la situation, je n'ai pu m'empêcher de sourire en me rappelant certain médecin d'Hoffmann dans le *Vase d'or*.

« Le docteur alla aussitôt vers le lit, saisit le pouls de Véronique, et, courbé en deux, le garda longtemps, restant plongé dans une profonde méditation. Puis il dit : « Eh! eh! »

« Il écrivit ensuite une ordonnance, saisit encore une fois le pouls, dit comme la première fois : « Eh! eh! » et quitta la malade.

« Seulement, avec ces révélations, le père ne sut pas très clairement se rendre compte de ce que sa fille pouvait bien avoir. »

Le pauvre Rabah, — trop malade pour avoir pu se rendre compte de ce qui se passait, — ne va pas mieux aujourd'hui, bien entendu.

21 décembre. — Quelques officiers des Chaffarines ont débarqué ce matin. J'aurais préféré les voir en d'autres circonstances, mais je leur ai fait bon accueil. Nous déjeunions, pas gaiement, lorsque le médecin est arrivé. Vite au malade. « Méningite tuberculeuse ; rien à faire. » Cette condamnation à mort m'a bien attristé. J'ai peur que par contre-coup mes hôtes s'en soient ressentis.

Vers le soir, nous étions à son chevet, le médecin et moi, lorsque Rabah est entré en agonie. Puis rapidement ç'a été la fin.

J'ai fait ensevelir le pauvre diable, et déposer son corps à la sellerie pour que ses camarades pussent dormir dans la chambre. Demain je l'enverrai à la smaala.

Au lieu d'une fête, mes Espagnols ont trouvé une veillée de mort.

22 décembre. — Dès le matin, le cadavre solidement amarré sur un cheval, à la façon arabe, a été emmené vers Blad-Tafna. Les spahis l'ont regardé partir l'air très triste, puis tout de suite ils ont été consolés : Mektoub! « Son heure était arrivée. C'était écrit. »

Je suis, quant à moi, tout endeuillé de l'événement. Mes hôtes sont repartis après déjeuner. Je n'ai pas essayé de les retenir; je n'avais pas le cœur au plaisir.

23 décembre. — Une de mes patrouilles me rapporte une nouvelle inattendue : le commandant supérieur est à Menasseb-el-Kiss avec deux pelotons de spahis et la compagnie de zouaves de Marnia. Cette petite colonne a expulsé quatre douars des Oulad-Hammou, une tribu marocaine pillarde, qui, depuis des mois, au mépris d'ordres plusieurs fois donnés, refusait de repasser la frontière.

Probablement on se sera enfin décidé en haut lieu à l'éventualité de cette expulsion par la force.

Il paraît qu'il a failli y avoir lutte au dernier douar. Les spahis l'enveloppant au galop, les Marocains se sont mis rapidement sur la défensive, le doigt à la détente. Les coups allaient partir, sans l'intervention de l'un des leurs qui, du dehors, arriva tout courant, et les adjura d'obéir, leur disant qu'ils ne seraient pas les plus forts, qu'ils seraient tous exterminés par les fantassins. Ils ont cédé devant ces excellentes raisons, et en un clin d'œil ont abattu leurs tentes, les ont chargées sur les ânes et les chameaux et ont repassé la frontière, livrant leur « cheikh (1) », que le commandant emmène prisonnier à Marnia avec ceux des trois autres douars.

24 décembre. — Yakoub n'a-t-il pas eu l'audace de m'inviter à réveillonner avec lui! Je l'ai renvoyé vertement. Triste réveillon, ce soir. Et combien la solitude trop complète me pèse aujourd'hui! Retour amer sur le passé, espoir en des jours plus heureux.

— Mon sloughi, Tiout, a fait réveillon, lui, sans vergogne, chez Yakoub, cette nuit. Il a trouvé son troupeau parqué dehors, sans gardien, et a tué deux agneaux.

— Yakoub, mon ami, tu as économisé un gardien, cela te coûte deux agneaux. Ton économie est mauvaise.

27 décembre. — Mes hommes ont touché la « masse de secours ».

(1) Chef de douar.

Chaque année, les spahis reçoivent ainsi une sorte de gratification très appréciée.

Bel Kheir ould Kaddour était furieux. Il n'y avait rien pour lui. L'argent avait été touché par son frère, resté à la smaala.

— Moi, je réclame au capitaine; moi spahi et pas khammès de mon frère!

30 décembre. — Encore un tour de Yakoub. L'argent français est très rare ici. Toutes les transactions se font — à cause du voisinage du Maroc — avec de l'argent espagnol. D'où une sorte de mercuriale pour le change, variant suivant le besoin qu'ont les Arabes d'argent français. Bonne aubaine pour mes hommes, et aussi pour moi.

Il y a un peu plus d'une semaine, Yakoub venait me prier humblement de lui prêter, pour quelques jours, vingt francs d'argent français.

Prêter de l'argent à un Juif! Le fait était si nouveau pour moi que je n'ai pas su refuser.

— Mais, ai-je stipulé, tu me rendras de l'argent français, ou bien, si tu n'en as pas, tu me payeras le change. Je n'ai aucune raison pour t'en faire cadeau, alors que j'en profiterais au marché !...

— Bien entendu, mon lieutenant !...

Ce matin, plus un maravédis dans la bourse : si près de la fin du mois, cela se comprend.

Je fais prier le Juif de me rendre la somme prêtée.

— Mon frère vient d'aller au marché pour acheter de l'orge, me fait-il répondre; il a emporté tout l'argent de la maison. Puisque vous y allez, voulez-vous le lui demander?

Au marché, je causais avec le caïd, lorsque passe le frère.

— Mimoun, as-tu acheté de l'orge?

— Pas un « moud », mon lieutenant.

— Alors il te sera facile de me rendre les vingt francs que me doit Yakoub, puisque tu as tout l'argent de ta maison.

— Moi? mais je n'ai pas un sou sur moi et je n'achète pas d'orge.

— Oh! L'un de vous, Yakoub ou toi, m'a menti.

Je l'ai secoué de belle façon, ce Mimoun, et encore plus Yakoub, à mon retour. La somme m'a été renvoyée presque aussitôt.

C'est égal, l'expérience en est faite, et je comprends le proverbe arabe :

« Emprunte de l'argent à un Juif, parce que tu peux ne pas le rendre. Ne lui prête jamais rien, tu serais sûr d'être volé. »

1ᵉʳ janvier. — Ras-el-Aam. — La tête de l'année. — Que me tient-elle en réserve, celle-ci? Heur ou malheur? Dieu le sait. Je me souhaite que ce ne soit que du bonheur, naturellement.

« Faire des souhaits, disent les Arabes, est le capital de l'homme ruiné. »

2 *janvier*. — Lecardinal est arrivé ce matin pour me relever.

Il m'a paru très souffrant.

Demain, je quitte Adjeroud, non sans regretter un peu ce séjour d'un mois que je viens d'y faire loin des tracas et des ennuis.

BLAD-TAFNA.

5 janvier. — Repris ma vie de cloîtré, après avoir mené celle d'ermite à Adjeroud. Revu mon « home » avec plaisir. Il n'est ni grand — une petite chambre et un minuscule cabinet de toilette — ni luxueux. Une table en bois blanc, un lit de camp, une caisse à biscuits transformée en table de nuit, une chaise et un fauteuil à crans, dit fauteuil du Sud, sont mes meubles. Sur la cheminée, quelques photographies des miens; aux murs, des souvenirs de mes excursions; un peu partout, des livres épars. Rien plus qu'une cellule; mais une cellule qui m'est chère.

7 janvier. — Le « marsouji » Aïssa ben

Zerouki, un vieil et honnête serviteur, est mort presque subitement. Il commandait le piquet du dimanche, à Marnia. Pris soudain de vomissements de sang, il fut porté à l'hôpital et mourut à peine entré.

8 janvier. — **Deux heures.**
En face du café maure, auprès du marabout de Sidi-Abd-el-Kader ben Djilâni, les spahis ont placé leurs effets pour une revue de détail.

En un désordre pittoresque, ils ont étalé, sur le sac ou sur la toile de tente, burnous et haïk, s'rouals et khoffs, souliers et musettes en cuir, selles recouvertes de filali, brides avec œillères et poitrails rouges, bordés de peluche de laine écarlate.

Le soleil joue à cache-cache avec des nuages qui filent. A chaque éclaircie, jaillissent de courtes et brillantes lueurs de l'acier des armes et du harnachement.

Nous passons, distribuant encouragements

ou blâmes. Et voici qu'au coude de la route de Marnia, paraît la voiture d'ambulance. Elle apporte le corps de Zerouki.

Du douar on a vu le lugubre équipage. Des khammès sortent des tentes en courant, et indiquent par signes au conducteur le chemin du cimetière : là-bas, au bout du terrain de manœuvres.

Les femmes, à leur tour, descendent. Une pauvre vieille marche devant, — la veuve ; — ses gémissements et ses cris font pleurer l'enfant qu'elle porte attaché sur le rein. De ses doigts, jaunes de henné, elle s'égratigne le visage, dont les tatouages disparaissent sous le sang des écorchures.

Le cadavre est déposé au pied d'un jujubier sauvage. Les hommes commencent à creuser la fosse ; les femmes font les apprêts pour l'ensevelissement.

Cependant, la revue, interrompue un moment, est achevée. Déjà les enfants des spahis ont amené les bourriquots. Ils font chacun un ballot des effets étalés, le chargent sur l'âne, et s'en vont trottinant, tandis que, gravement, les pères s'assemblent au café maure et boivent une tasse en s'entretenant de l'événement du jour.

Quatre heures.

Les fossoyeurs ont achevé leur tâche. Au fond de la fosse ils ont creusé un lit plus étroit, qu'ils ont tapissé de larges dalles. Ils ont mis, à portée de la main, les pierres qui formeront le couvercle de ce « cercueil de terre ».

Tout près, quelque chose de raide, — le cadavre, — sous un tapis de Tlemcen, à raies de couleurs vives.

Le piquet commandé se range. Les hommes de l'escadron forment le cercle, nous au centre. Ils ont tous un air de circonstance. Le vieux Bou Zian pleure à chaudes larmes. Pourquoi? Il n'était ni parent ni ami du mort. Mais, comme Zerouki, Bou Zian est vieux, et

Bou Zian, sans doute, pleure sur Bou Zian. La mort impressionne toujours, parce qu'elle nous crie son menaçant : « *Cras tibi*. »

Assis sur une tombe voisine, deux « tolbas » marmottent des versets du Khoran.

Les femmes, en dehors du cercle, nasillent des chants de mort. En mesure, elles se frappent la poitrine et font semblant de s'égratigner le visage.

C'est l'usage ainsi, bien que le Prophète l'ait défendu. Seule, la veuve pleure réellement; elle gémit et lance de lugubres cris d'appel : « Iah Sidi ! Iah Sidi ! » Et son petit, ravi du spectacle, est devenu bien sage et ne pleure plus.

Elle a raison de pleurer, elle, la vieille ! Elle a perdu son unique appui; elle va être obligée de replier sa tente, de quitter le douar où elle vivait heureuse...

« Portez armes ! »

Le tapis enlevé, le cadavre se dessine,

moulé dans un linceul blanc lié en haut et en bas.

Un spahi défait la longue corde en poil de chameau qui entoure sa coiffure, et la passe près de la tête, sous le mort, qu'un autre tient par les pieds. Délicatement, tous deux le soulèvent et le déposent au fond de la fosse, le visage tourné vers l'Orient, puis ils défont le nœud qui fermait le linceul au-dessus de la tête, pour que l'Ange de la Mort puisse, saisissant plus facilement le corps par la mèche de cheveux non rasés, l'emporter là-haut.

Les chants des femmes sont scandés en strophes plus précipitées ; les cris de la veuve s'élèvent plus aigus et plus poignants ; la sourdine des tolbas prieurs est plus saccadée.

Le vieux Zerouki est dans sa tombe.

Ses amis l'ont recouvert de dalles dont ils ont cimenté les joints avec de la terre glaise détrempée dans l'eau. Maintenant, avec hâte, ils comblent la fosse, poussant la terre à l'aide des outils qui ont servi à la creuser, ou simplement avec leurs mains. Enterrer les morts est œuvre pie, recommandée par Allah, et qui rachète bien des péchés.

Et tandis qu'ils lancent la terre par pelletées, ou qu'ils jettent le sable par poignées, l'un d'eux, d'une voix de basse, chantonne en prolongeant la dernière syllabe :

— La Allah il Allah ! — Dieu est Dieu !

— Ou Mohammed Rassoul Allah ! — Et Mohammed est son Prophète !

Prière et répons alternent, toujours les mêmes, jusqu'à ce qu'un tertre soit élevé sur la tombe.

Alors deux grandes pierres sont placées debout : l'une à la tête, l'autre aux pieds. Elles témoignent (1) que là repose un vrai croyant. Elles sont reliées par d'autres pierres plus petites qui contournent le tertre.

---

(1) Chouahed, — les témoins.

Soudain, prières, cris, pleurs, tout a cessé. Nous partons. Mais Halyma, « ta femme à mon père », se sépare des autres pleureuses, pour aller ramasser une poignée de terre sur la tombe. La nuit prochaine elle la mettra, cette terre, sous la tête de son enfant pour chasser les rêves mauvais. Et la pauvre veuve, la veuve inconsolable, se précipite au-devant de nous; avec l'intonation lugubre de ses « Iah Sidi! » elle crie vivement :

— Drahm, sidi captane; gib el drahm! — De l'argent, seigneur capitaine; donne de l'argent!

... C'était tout cela?

Je ne veux pas juger la veuve de Zerouki avec trop de sévérité.

La mort de ceux que l'on aime dispense-t-elle de manger?

Elle n'existe pas, je crois, dans le ménage arabe, l'affection entre époux, telle que nous l'entendons. Alors, cette brutale franchise, après la satisfaction donnée à la coutume par les lamentations obligatoires, n'est-elle pas préférable à certaines hypocrisies?...

14 janvier. — Il y a eu vol la nuit dernière. On a dévalisé nos orangers. Enquête : Personne ne sait rien. « Ma narph », — je ne sais pas, répondent-ils tous, — et plus énergiquement que les autres, Laredj ould Azouz et Mohammed bel Kheir : « Hak R'bbi (1), ma narph, ma captane ! » On a vu pourtant, pas loin de leurs tentes, des pannerées d'écorces.

— Bien. Puisque je ne puis trouver les coupables, tout le monde sera puni ! A partir de ce soir les indigènes monteront la garde auprès des orangers. Quatre hommes seront commandés tous les jours.

(1) Dieu juste ! — Par Dieu !

Les mines se sont allongées.

19 janvier. — L'épreuve a été courte, mais concluante. Les voleurs étaient bien les khammès d'Ould Azouz et de Bel Kheir : on les a forcés de se dénoncer.

Les mauvaises langues disent qu'ils ont « fait le coup » pour plaire aux femmes de leurs maîtres. Comme leurs khammès, ceux-ci sont en prison. Ils sont bien c.... et battus..., mais pas contents du tout.

25 janvier. — Le neveu de Berber, un enfant de dix ans, est très malade. Sa mère a enroulé dans une couverture le pauvre petit qui grelottait la fièvre, et l'a porté au marabout de Sidi Abd el Kader. En l'honneur du saint elle a fait brûler une bougie ; elle a offert de l'encens dans un brûle-parfums.

Longtemps je l'ai vue accroupie auprès de son petit, le couvant des yeux, anxieuse.

5 février. — Hier, Lecardinal est revenu d'Adjeroud, dans un état qui faisait peine.

Ce matin, le capitaine l'a obligé à entrer à l'hôpital.

7 février. — A l'hôpital. Notre malade va mieux. Je l'ai trouvé cherchant au jardin un coin de soleil pour se réchauffer. Il portait la tenue gros bleu des officiers hospitalisés.

Nous avons fait les cent pas autour de quelques maigres carrés de choux et de salades.

Pas gai, ce jardin, ou plutôt cette cour.

Au milieu, une noria « dont la crémaillère se charge, — gémit Lecardinal, — tandis qu'on remplit le réservoir, de me réveiller, le matin, par d'odieux grincements de chaînes et de poulies ».

A côté, sous un auvent de bois, sont abrités quelques instruments de précision pour les observations climatologiques.

Des cuisines, en face, sort le bruit de la vaisselle jetée sans soin.

A droite, des portes rapprochées donnent l'idée d'un cloître. Toutes elles sont closes, sauf une, entre-bâillée, qui laisse voir sur une table le cuivre des balances du pharmacien.

Près d'une fenêtre entr'ouverte, un soldat d'administration chante en maniant le rabot. Il façonne une caisse oblongue. Et de lui demander :

— Il est mort quelqu'un aujourd'hui?

— Non, mon lieutenant; c'est pour la réserve.

— Mais il est bien long, celui-ci?

— Nous les faisons tous très longs. Si c'est pour un petit, vous comprenez, y suffit de le caler dedans avec une traverse...

A cette réflexion macabre, nous nous mesurons de l'œil, Lecardinal et moi, — pour comparer, — et nous éclatons de rire.

Dans la salle des hommes. Peu de malades.

— Tiens, c'est toi, Lakhdar? On t'a donc renvoyé d'Adjeroud?

— Oui, mon lieutenant. J'ai pris froid...

Et je commençais à plaindre le bon nègre. Mais Lecardinal, gouailleur :

— Vous ne comprenez pas sa maladie, mon cher. Prendre froid, c'est, pour eux, être pincé par le mal dont est mort François Ier...

La chambre de Lecardinal. Petite, encombrée de meubles. Un poêle fraîchement installé ronfle dans un coin. Des journaux épars çà et là. Et, au-dessus du lit, un de ces almanachs qu'on effeuille jour par jour. Je le reconnais, — avec son gentilhomme Louis XV qui salue par la portière deux belles dames en panier, assises dans un carrosse. — Lecardinal est parti mourant pour l'hôpital; il a peut-être oublié ses chemises ou ses mouchoirs, mais il a songé au gentilhomme en habit gorge de pigeon. Enfant, va!

10 février. — La revue d'habillement terminée, le capitaine a fait former le cercle.

— Qui veut être proposé pour une récompense de l'Alliance française?

Cette Alliance est une société qui a pour objet la diffusion de la langue française. Pour en encourager l'étude, elle distribue, chaque année, de petites primes en argent ou des médailles.

Nos hommes, friands des pièces de cent sous, ne méprisent pas non plus les médailles que, par tolérance, ils peuvent porter épinglées à la veste.

— Allons, que ceux qui veulent concourir sortent des rangs!

Il se fait une poussée. Presque tous se rapprochent de nous. J'en connais, parmi eux, qui ne savent pas un traître mot de français.

L'examen est court et l'épuration facile. Il ne reste plus bientôt sur les rangs qu'une demi-douzaine dont on prend les noms.

Aux enfants maintenant.

A l'école. Ils sont sur les bancs une quinzaine de marmots, presque propres, grâce aux ordres sévères de leur thaleb, Moustapha.

Très fier, au milieu d'eux, et raide, se tient le petit Bou Medine ould Berrabah. Il a déjà, lui, attachée sur le côté gauche de sa veste rouge, la médaille de l'Alliance, la « croix d'honneur » des petits enfants travailleurs.

L'examen est commencé.

Peu d'enfants savent calculer; presque tous lisent — sans comprendre — et écrivent. Aujourd'hui, chacun s'applique.

Le choix est fait. — Bientôt, il y aura des heureux de plus.

11 février. — A l'hôpital. Le mieux s'accentue.

Trouvé Lecardinal très appliqué.

— Tiens, vous peignez?

— Voyez. — Il me tend un de ces petits

cahiers comme en ont les enfants à l'école.

En lettres très grandes, s'étale, en haut du recto : CAHIER DE CROCODILES.

Dessous, à l'aquarelle, un fleuve, et, sortant d'un temple, pour se dirige vers le fleuve, un énorme crocodile. Il est gras et luisant; aucun soin sans doute ne lui manque.

Au verso, le talon d'un mandat postal envoyé par M. Mesquine à M. Ihouddy, à Brigandville.

Et plus bas, en ombres chinoises : deux potences se faisant face. A l'une gigote le fameux crocodile; à l'autre est pendu un huissier. Avec leur vilaine âme, ils rendent, le premier des louis d'or, le second des protêts.

— Ce qu'on pourrait appeler la vengeance du lapin, ai-je dit en riant. Mais méfiez-vous, mon ami : le crocodile vous avalera bien avant que vous l'ayez pendu...

14 février. — Venu un photographe. Il a

eu un succès colossal auprès de nos Français, qui ont tous posé, — à cheval, à pied, à âne, de face, de trois quarts, en Marocain, en Arabe, en femme et même en spahis.

Une joie que ne partageaient pas les indigènes. Cela se comprend de reste : il serait difficile de suspendre les portraits de famille aux parois de la tente.

15 février. — Grand travail dans la cour, pour refaire le sol raviné par les pluies.

Depuis un mois, on avait amené chaque jour quelques tombereaux de pierres. Tout étant prêt, le grand œuvre a commencé ce matin.

Comme un entrepreneur au milieu de ses ouvriers, le capitaine dirige le travail. Ne doit-il pas tout savoir : — tailler les arbres aussi bien que commander l'école d'escadron, planter les petits pois au bon moment et commencer le tir, être cantonnier non moins que chef militaire ?

Avec cela, médecin lorsqu'il le faut; soignant les petits enfants de la smaala et parfois même leurs mamans, — ce qui, je crois, est loin de lui être désagréable.

Vétérinaire aussi, à l'occasion, il sait mieux que personne quand il faut mettre le feu à ce cheval ou un vésicatoire à cet autre.

— Nous ne devons avoir besoin ici, — a-t-il coutume de dire, — ni de médecin ni de vétérinaire. Nous devons vivre sur nous-mêmes et n'appeler les « hommes de l'art » que pour constater les morts.

Une de ces boutades qu'on lance alors que tout va bien.

16 février. — « ... Mon pauvre Henri, j'ai à t'annoncer une nouvelle qui te sera cruelle. L'oncle Goubet t'a mis en interdit. A tous il a donné le mot de ne pas t'écrire.

« Henri, dit-il, a ruiné sa famille; il ne s'est
« pas conduit comme il le devait. Tant qu'il

« n'aura pas fait preuve d'un retour complet, je
« désire qu'on n'ait plus aucun rapport avec lui. »

« Il est, tu le sais, le chef de la famille, et les
autres l'écouteront.

« Nous ne t'en aimerons que plus, pour
t'aider à oublier l'affront et à ne pas perdre
courage... »

Je le sais, bien-aimée petite sœur, et cela
suffit pour me consoler de la sévérité de ces
autres que je forcerai bien à revenir à moi.

18 février. — La masse d'un spahi indigène qui meurt est placée à la Caisse des
dépôts et consignations, pour donner le temps
au cadi de trouver les vrais héritiers.

Pimpantes et joyeuses, les veuves Rahbah
et Zerouki sont venues chercher le « bon à
toucher » de l'héritage laissé par leurs maris.

— Voilà le papier. Vous ne pourrez toucher
que dans un mois...

Leurs mines se sont allongées.

— Vous n'aurez alors qu'à le donner au cadi, qui arrangera tout.

Elles sont parties tout à fait mécontentes. Le cadi est leur terreur : comme s'ils étaient enduits de glu, ses doigts retiennent tout ce qu'ils touchent.

22 février. — Pendant le dîner.

Entre Turkia, la femme de Mohammed ould Ali.

Elle se plaint.

— J'ai donné ce matin cinq francs à mon mari pour acheter de l'étoffe chez le Juif. Ce soir, il n'était pas rentré ; je l'ai trouvé au café maure, où il jouait mon douro. Punis-le et empêche-le de jouer une autre fois...

Nos hommes sont très joueurs. Hier encore, et fort avant dans la nuit, le capitaine en a pincé plusieurs faisant au café maure une partie intéressée, et leur a fait achever leur nuit à la salle de police.

Mohammed aura le même logement ce soir.

26 février. — « Voyez-vous, mon cher, la gaieté s'en va. On ne sait plus s'amuser. Blad-Tafna n'est plus ce qu'il était. On y riait quelquefois alors; maintenant, tout est mort. Ah! ce n'est plus le temps de la Tarasque!... »

Oui, la Tarasque de Lecardinal! Toute la province l'a connue, cette bouffonnerie joyeuse, sortie du cerveau de gais compagnons, dans les loisirs que leur laissait la vie dans le Sud.

Même, il n'y a pas longtemps encore, on aurait trouvé un de ses membres jusque dans l'hôtel de la Division, à Oran. En tournée d'inspection du côté d'Aïn-Sefra, le général avait reçu le brevet de membre — honoraire, il est vrai, et dispensé des épreuves.

C'était alors l'apogée de cet ordre de chevalerie aujourd'hui disparu.

Lecardinal en était le président. C'est lui

qui parafait les brevets, sur lesquels s'étalaient, en bâtarde moulée, les articles fondamentaux de l'ordre.

Article 1ᵉʳ. — Il y a une caisse.

Article 2. — Il n'y a rien dedans...

Et vingt autres du même genre.

« Oui, c'était le bon temps, alors ! »

Et ravi de trouver un auditeur complaisant, il a exhumé quelques vieilles reliques de sa « giberne » d'homme du Sud.

« Les chevaliers, dans nos réunions, étaient obligés de paraître en des costumes invraisemblables.

Lorsque tous étaient rendus dans la grande salle du cercle, quatre d'entre eux, commandés à tour de rôle, allaient chercher la Tarasque, — monstre plus fantastique encore que celui de Tarascon, — et la posaient sur plusieurs tables réunies bord à bord.

Tous alors nous nous jetions à genoux, la face contre terre, pour l'adoration générale.

Puis venaient le défilé des chevaliers pour lui rendre hommage et la reconnaissance des aspirants heureusement sortis d'épreuves préparatoires, auprès desquelles les épreuves qu'a contées Andrieux n'étaient que de la Saint-Jean.

C'était enfin la procession extérieure, se déroulant précédée d'une musique, dont les principaux instruments étaient des casseroles, des bidons et des caisses à biscuits.

Au retour, le champagne coulait à flots et les liqueurs de toute sorte. Nous étions riches en ce temps-là, dans le Sud... »

Fini tout cela! s'est-il exclamé avec un soupir de regret, ce bon Lecardinal qui, en ce moment-ci peut-être, expie ces pantagruéliques beuveries où, vêtu de la robe de soie bleue d'un mandarin et la tête recouverte d'une calotte chinoise en crin tressé, — cadeau d'un ami retour du Tonkin, — il avait trop consciencieusement donné le « la ».

« Oui, finie, reprit-il. Et c'est à Blad-Tafna que nous l'avons fêtée pour la dernière fois, notre Tarasque. Une fête commémorative seulement, car depuis longtemps la pauvre était morte là-bas, du côté de Géryville ou d'Aïn-Sefra.

C'était un soir de réveillon, dans notre salle à manger. Quelques invités seulement. Le capitaine s'était enfui en entendant parler de la Tarasque, mais nous avions débauché ses deux fils, deux grands garçons de dix-huit et dix-neuf ans.

En ma qualité de président, j'avais décrété la tenue d'hiver. Elle comportait, pour tout vêtement, à la ceinture, un fil de laine d'où pendait, derrière, une queue de chacal; sur le côté gauche, un deuxième fil retenant la boîte d'allumettes; sur la tête, le salako des colonies, sauf pour le capitaine Untel, autorisé à porter un chapeau de gendarme en papier.

Ainsi nous célébrâmes les rites et mystères de notre bien-aimée Tarasque.

Seulement, vers la septième bolée de punch, environ, sentant le besoin d'une tenue moins chaude, nous avions pris la tenue d'été, — une ficelle remplaçant le fil de laine et une plume d'autruche la queue de chacal.

Pour la centième fois, peut-être, de la soirée, nous lancions à pleine gorge le grand air des chevaliers :

> N'y a que d' la peau pour conserver l' tabac,
> Voilà, voilà, voilà, voilà le refrain du soldat !

Nous n'avions pas entendu la porte s'ouvrir, et pourtant, à travers les fumées du tabac et du punch brûlé, se dessinait soudain la silhouette du capitaine en Statue du Commandeur.

Comme au festin de *Don Juan*, nous l'invitons à s'asseoir à table, — mais sans grand succès.

Le pauvre était furieux. Cela se comprend, sa chambre n'étant séparée de la salle à manger que par une simple cloison : il ne pouvait arriver à s'endormir.

Après avoir renvoyé ses fils, il nous a semoncés vertement, nous engageant à ne pas continuer sur ce ton. La fête pourtant ne s'est pas terminée tout de suite après son départ. Mais il m'eût été difficile, le lendemain, de conter ce qui s'était passé, mes souvenirs étant un peu confus... »

2 mars. — Visite à l'hôpital. Lecardinal s'était échappé — chez sa Zina, probablement, l'imprudent !

Le voilà pourtant remis à peu près, me dit-on, il sortira de l'hôpital après-demain.

3 mars. — Sécheresse persistante. Si elle continue dix ou douze jours encore, la récolte est perdue.

L'orge se vend vingt francs ou vingt-deux francs le « moud ».

Les spahis, grâce à leur solde, peuvent encore se tirer d'affaire, mais les indigènes des tribus sont dans une misère atroce. Beaucoup en sont réduits « kif el hallouf », comme le cochon, — à déterrer une racine « bougouga » qui, séchée, puis broyée, leur sert à faire une sorte de couscouss.

Plus terrible encore que la misère présente, pointe déjà la misère future, pour peu que la pluie tarde.

4 mars. — Lecardinal est revenu, bien faible encore. Deux officiers de Tlemcen ont passé la journée avec nous. D'un peu partout il nous en arrive de temps en temps, — trop rarement, — qu'attire la curiosité de voir une smaala.

Tout en admirant nos jardins, ils nous plaignent tous de notre solitude.

— Passer un mois ici, charmant à la vérité et très désirable. Mais y rester des mois, une année, des années !... Comme vous devez vous ennuyer !

— Mon Dieu, non ! Le métier, les promenades, la chasse et la pêche, — aussi quelque occupation d'intérieur. — Avec cela, pas d'ennui possible.

Il nous manque seulement des livres.

Le ministère, qui fait des largesses à des bibliothèques déjà très riches par elles-mêmes, ne pourrait-il réserver chaque année quelques volumes pour de tels postes éloignés, privés de ressources?

Utile pour nous, cette mesure serait nécessaire pour nos Français, toujours enfermés, sans distraction qui les attire au dehors.

— Lisez-vous des journaux ?

— Oui : l'*Écho d'Oran*, ses dépêches de l'*Agence Havas* nous apprennent sans phrases ce qui se passe; et un journal de polémique parisien.

Mais combien lointaines et souvent dénuées d'intérêt nous apparaissent des actualités qui passionnent tout le monde là-bas! Notre horizon est si différent! Peut-être jugeons-nous plus sainement les faits, n'étant pas trompés par le grossissement des choses vues de trop près.

9 mars. — Deux sous-officiers sont allés la nuit dernière à l'affût de l'hyène, auprès d'un cadavre de bourriquot.

— L'avez-vous tuée?

— Elle est venue, mon lieutenant. Nous l'avons tirée et touchée certainement, mais nous n'avons pu la retrouver.

Ils ont fait des recherches et ont trouvé agonisant, dans une broussaille, un pauvre chien avec une balle dans le ventre.

12 mars. — Revue de chevaux.

Kaddour-Ould-Achour lâche son cheval et s'étend par terre geignant et se tordant.

— Qu'as-tu?

— Un serpent dans le ventre.

Des coliques, sans doute. On le soigne et on l'emporte dans sa tente.

Deux heures après, son frère revient. Kaddour ne parle plus!

On dépêche un homme à Marnia. Le médecin arrive. Mais Kaddour est mort.

Les plaisanteries habituelles sur la Faculté ne sont, hélas! plus de mise en ces circonstances.

L'idée d'un sort pareil, qui l'attend peut-être, en émeut plus d'un.

Quant aux indigènes, « mektoub! » font-ils; c'était écrit, à quoi bon lutter contre la destinée?

Les plus proches parents du mort verseront peut-être quelques larmes. On l'enterrera, sa femme se remariera, et personne n'y pensera plus.

13 mars. — Toujours la sécheresse.

Les indigènes ont sollicité l'autorisation de faire une « ouada » pour demander de la pluie à leur Allah, par l'intercession de Sidi-Abd-el-Kader-ben-Djilani, le grand saint de Bagdad.

Cinq heures du soir.

Les sous-officiers descendent du douar, suivis chacun de ceux — maîtres et serviteurs — qui composent son groupe.

Arrivés auprès du marabout de Sidi-Abd-el-Kader, ils déposent les plats de couscouss qu'ils portaient à la main et se reculent.

Ils sont de toutes sortes, les plats : en bois tourné, en faïence blanche, en faïence de couleur. Et du couscouss, il en est de très blanc, fait avec la farine du froment le plus pur; il en est aussi de gris, de terreux, de sale, tiré de l'orge la plus grossière. Le premier, surmonté de quelques morceaux de mouton bouilli, est teinté, par endroits, de rouge par le piment de la « merga », ou piqué de raisin sec et arrosé de lait sucré. L'autre n'a ni viande ni sauce ; à peine sent-il un peu le mauvais beurre rance conservé depuis l'année dernière.

Le don du pauvre n'est-il pas préférable, aux yeux d'Allah, au présent du riche ?

Mais tout le monde, peut-être, ne pense pas comme Allah.

Sur un signe de leur officier, les « marsoujis » envoient chercher au bordj les Français à qui sont réservés les plats les plus appétissants.

Toute fête arabe est une fête de l'hospitalité. Il y a table ouverte pour tous, pour le caïd auquel on fait une politesse intéressée aussi bien que pour le pauvre diable qui se présente au nom de Dieu.

Mais tout le monde est là. En avant ! chacun se lance auprès du plat qu'il a convoité, et engloutit. Presque tous mangent avec la cuiller de bois ou bien de fer ; peu sont restés fidèles à la vieille coutume de la boulette pétrie avec les doigts et lancée dans la bouche par une détente du pouce.

Nous aussi, nous avons reçu notre part.

Abd-el-Kader nous a fait servir un couscouss délicieux, véritable entremets auquel nous avons fait honneur.

En très peu de moments les plats sont « nettoyés ».

Debout pour la prière.

Les assistants se placent en cercle auprès d'un vieux thaleb. Comme lui ils portent en avant leurs mains réunies et ouvertes, fixant dessus les yeux comme sur un livre ouvert.

— Dieu, accepte ces dons des spahis; Dieu, fais tomber la pluie qui donne les riches moissons! commence le thaleb.

— Amin! répondent les assistants à chaque pause.

Et, chaque fois que le nom d'Allah ou du Prophète est prononcé, ils glissent du haut en bas de leur visage leur main droite ouverte.

— Donne le bonheur à tous ceux qui sont ici.

— Amin !

— Protège le seigneur capitaine, protège les seigneurs officiers, protège-nous tous.

— Amin !

La prière est terminée, l'ouada aussi. On bat bruyamment des mains et l'on se sépare.

15 mars. — Le capitaine avait fait annoncer dans les tribus qu'il allait engager quelques spahis. Il lui en fallait dix, il en est venu plus de quarante. S'engager est une ressource pour qui meurt de faim.

Ce matin encore, il s'en est présenté un pour « gagi ».

Les places étaient prises. Et il s'en est allé, l'air si malheureux, qu'il m'a fait peine.

19 mars. — Qu'Allah en soit remercié! La pluie est tombée toute la nuit, et, ce matin encore, le ciel est gris et menaçant.

Les figures des indigènes, tout épanouies, disent à tous, clairement :

— On mangera donc cette année ! On pourra manger à sa faim !

Oui, c'est Allah qui leur a envoyé cette pluie bienfaisante en ce premier jour de Rham'dan. Cela suffit pour leur faire commencer le carême dans la joie.

Rham'dan ! Triste période, mois fatigant ; « pas mangi tou l' journi, pas l' força pou travailli ! »

Peu de spahis font les prières ou les ablutions prescrites ; aucun jamais n'entre dans une mosquée ; quelques-uns mangent du cochon ; presque tous boivent l'absinthe ou le vin — l'assimilation par l'alcool, hélas ! — et tous pourtant sont restés fidèles au carême dont l'observance parfois est si pénible.

22 mars. — Toute la journée nos hommes ont de vraies faces de carême. Le café maure, silencieux et abandonné, ne s'anime qu'au coucher du soleil. Sitôt le premier repas expédié, les spahis descendent boire le café. Les danses, la musique et les chants ne cessent pas jusqu'à l'heure du second repas, c'est-à-dire vers dix heures et demie.

Sur le terrain de manœuvres, pendant ce temps, les petits garçons jouent, à la clarté de la lune, à la « koura », une boule de chiffons que deux camps se disputent à coups de matraque.

24 mars. — Qu'emportes-tu dans ta musette ?
— Ça ? rien ! L'époussette et le bouchon.
— Montre.

Et le brigadier de garde s'avançant vers Mazari qui s'en allait, le pansage fini, lui arrachait sa musette toute ronde et rebondie.

De l'orge, c'était de l'orge qu'emportait Mazari, de l'orge volée sur la ration des chevaux.

Et maintenant Mazari attend, au secret, le moment où on le dirigera sur Oran, pour passer au conseil de guerre.

Il est enfermé dans l'unique « salle de discipline » du bordj, une petite pièce carrée, qui fait pendant au corps de garde, près de l'entrée, et que meublent le lit de camp réglementaire et l'inévitable « thomas ».

Si ce n'était la peur du conseil, Mazari serait heureux.

A l'heure des repas, sa femme, fidèlement, lui apporte le couscouss, la galette de pain et le café. Toute la journée il peut à son aise dormir, ou, suprême bien sur cette terre, ne penser à rien et ne rien faire.

Les distractions même ne lui manquent pas. Souvent, sa figure noire collée aux barreaux de la fenêtre, il jouit de voir travailler les autres.

C'est même une obsession désagréable de sentir ces yeux braqués sur soi, comme ceux prisonnier de la « Bibliothèque de mon oncle ».

30 mars. — Au pansage du soir.

La chaleur est très forte. Quelques hommes ont enlevé la chechia rigide sur laquelle la longue corde en poil de chameau serre le fin tissu du camboudj.

Ils travaillent — modérément — tête nue.

Ceux-ci ont la tête rasée complètement ; ceux-là n'ont de rasé que le tour inférieur, le sommet de la tête restant recouvert d'une calotte de cheveux courts et drus.

D'autres n'ont gardé sur la tête rasée que la longue mèche du sommet de la tête, « gouttaïah ». De ceux-ci est Abd-el-Kader-Ould-Maamar, dont la mèche occipitale, très longue, tombe jusqu'au milieu du dos.

— Dis, Ab-Kader, à quoi sert cette mèche de cheveux?

— Quand moi crivi, l' femmes prendre moi par là pour me tourni et me lavi.

— Mais non, c'est pour que Mohammed puisse te prendre et t'emporter avec lui.

— Ah oua!...

Et il rit, incrédule.

2 avril. — Inspection générale annoncée pour le vingt.

L'instruction bat son plein, et vraiment le travail ne marche pas trop mal.

Des spahis à la manœuvre! Autrefois cette idée évoquait en moi la vision d'un désordre pittoresque où chacun papillonnait à sa guise. Des goums, pensais-je, dédaigneux.

Je reconnais mon erreur. Le spahi manœuvre correctement quand on le veut, et cela pour deux raisons : il est attentif et sait son affaire, les vieux soldats étant nombreux.

J'avoue que l'école du cavalier à cheval est plus difficile à lui inculquer que l'école du peloton. Les gradés français, ignorant souvent la langue arabe, ne peuvent bien expliquer les mouvements; les gradés arabes, eux, n'arrivent à des résultats que lorsqu'ils ont bien compris eux-mêmes les mouvements, ce qui n'est pas toujours.

Enfin, les moyens dont dispose le spahi pour conduire son cheval ne ressemblent que très peu à ceux que suppose le règlement.

De là, certains malentendus et certaines difficultés.

Après chaque séance d'instruction, saut d'obstacles par quatre ou en peloton.

Beaucoup de poussière; d'où, parfois, des chutes.

Là-haut, placées par groupes devant les tentes, les femmes regardent, furieuses de voir exposer ainsi leurs maris. Et lorsqu'une petite salade se produit, des cris aigus, assourdissants, s'élèvent, des « Iah Berdy ! » d'un désespoir des plus comiques.

3 avril. — Le spahi obéit à deux mobiles.

Il agit « bessif (1) » ou « bel mezia », — de force ou avec plaisir. Il fait la fantasia ou il se repose, — bel mezia. C'est toujours « bessif » qu'il fait un travail quelconque, surtout un travail à cheval.

Sa répugnance pour monter est excessive.

Il ne comprend le cheval que pour fantasier ou pour se transporter d'un point à un autre. Dans ce dernier cas, il parcourt des distances étonnantes aussi longtemps que l'on veut, son cheval marchant l'amble, — ce qu'on appelle ici le « pas arabe ».

Se promener à cheval? Une façon de perdre son temps qui lui est inconnue ou qu'il ne comprend pas. Inutile de la lui demander « bel mezia ».

Commandé, il marche : « Service, service », dit-il.

Et il passe partout où l'on veut; il ne se

---

(1) Bessif, — littéralement : avec le sabre.

laisse jamais arrêter ; jamais il ne recule.

Semblable à son petit cheval barbe, qui ne marche que poussé par l'éperon, mais qui alors fait des merveilles.

Toute la science en équitation de l'Arabe se résume donc en : faire la fantasia et se transporter d'un point à un autre.

Notre équitation, à nous, lui est impossible :

Le mors arabe est un instrument de torture, beaucoup trop dur pour les finesses de la main.

Que peut-on demander à un cavalier, comme lui encastré dans sa selle, la jambe démesurément relevée, le pied raidi perdu dans l'étrier ?

D'activer son allure, de la régulariser, de marcher droit et de se servir de ses armes, voilà tout. N'est-ce pas suffisant ?

4 avril. — Égalisation des pelotons ; répartition des employés.

Les employés ! Plaie universelle ; désolation

des officiers. Et ici notre situation particulière nous impose des emplois spéciaux.

Outre les ouvriers et les employés ordinaires, il y a :

Le « grand champîtres », garde champêtre. Représentant de la loi sur notre territoire; distributeur de l'eau, « caïd el ma ». Surveille et irrigue surtout ses terrains à lui et ceux des camarades qui « casquent ». Fonction délicate dont le titulaire, pour ces motifs et d'autres de ce genre, est appelé à changer souvent. Le jardinier; — le laboureur; — le « tombereaudji », qui attelle le tombereau et a le mulet de l'escadron en consigne; — le porteur d'eau; — le blanchisseur ou « blancheur », qui, revêtu d'une longue blouse de peintre, se promène à travers la cour une échelle sur l'épaule droite, un pinceau et un seau rempli de lait de chaux à la main gauche; — le maître d'école...

D'autres encore, pourvus de fonctions momentanées qui cessent avec le besoin qui les a fait naître.

6 avril. — Lecardinal part avec son peloton pour Mostaganem; Berber, avec le sien, pour Oran. Ils vont aux dépôts de remonte chercher de jeunes chevaux.

Abdel Kader étant déjà en ce moment détaché à Adjeroud, le capitaine pourra présenter à l'inspection un seul peloton et les employés des trois autres.

8 avril. — A la théorie.

J'interroge Ben Amar bou Zian, un dégourdi, celui-là même qui fait l'Aïssaouï; — un élève brigadier « bon, prop', telligent, qu'est-ce ti veux di plous? » comme il dit de lui-même.

— Ben Amar, donne-moi le mouvement de « marquer le pas ».

— Marqui l' pas?... Ti march', ti marché pas, et ti marché tout d' même.

Oh! cette théorie des élèves brigadiers ! Un vrai cauchemar. L'espoir des galons de brigadier, le désir d'une solde plus forte, l'envie d'être plus que les autres, tout cela ne suffit pas toujours pour attirer des élèves brigadiers indigènes. On est alors amené à prendre des aspirants médiocrement intelligents, qui ne saisissent pas un traître mot des explications données.

Résultat : des gradés qui savent très bien lancer des commandements. Et c'est tout.

Ou des élèves brigadiers dans le genre du vieux Bel Ghassem, tête de patriarche, barbue, grisonnante : — vingt-deux ans de service, dont dix-neuf comme élève brigadier.

10 avril. — Kara, le kahouadji, est triste : sa femme, presque une enfant, dégoûtée sans doute de ce vieux nègre huileux, s'est enfuie dans sa tribu.

— Alors, Kara, tu vas la chercher ?

— Non. L'femme y doit v'nir à son l'homme.

C'est de la dignité. Mais aussi Kara sait que bientôt les parents de sa femme vont la lui ramener : Kara la leur a payée très cher et ils aimeront mieux garder l'argent que la fille.

11 avril. — Sonnerie des quatre appels pour le prêt.

La distribution de l'argent, — les 1ᵉʳ, 11 et 21 de chaque mois, — se fait avec un certain cérémonial.

Devant le bordj, sur la terrasse :

Autour d'une table, le capitaine, l'officier de semaine, le chef; derrière, les sous-officiers de peloton.

En cercle, les spahis, les yeux rivés sur les piles de douros élevées sur la table.

Un peu cachés, mais tout prêts à sauter sur les payeurs récalcitrants, Kara le kahouadji et Ihoudda, tous deux un crayon et un calepin à la main.

Le capitaine appelle :

— Abdallah ould M'bareck.

— Pr'sent.

— Voilà ton prêt. Kara prétend que tu lui dois huit francs. Tu vas lui en donner cinq aujourd'hui et trois au prochain prêt.

— Mon cap'tane, « Hak R'bbi! » Je ne lui dois pas huit francs, mais quatre francs.

Kara s'est avancé, indigné :

— Ah! mais, c'est pardon, ma cap'tane! Abdallah me doit huit francs.

— Hak R'bbi, c'est pas vrai!

— Assez! Allez au marabout. Tu jureras, Kara, qu'il te doit bien huit francs.

— Moi, s'il le jure, fait Abdallah, je le payerai tout de suite.

— Ah! mais, c'est pardon, ma cap'tane. C'est Abdallah qui doit jurer qu'il ne me doit que quatre francs. C'est la loi.

— Que ce soit fini. Allez au marabout et arrangez-vous.

Tous deux s'en vont, disputant, et au bout de quelques secondes, reviennent bons amis. Ils se sont arrangés en route.

Jurer devant le marabout est chose grave. Là, un parjure mène à l'enfer tout droit. Et on a beau avoir la conscience nette, ne peut-on se tromper, se parjurer sans le vouloir? Dire des « Hak R'bbi! » lever la main, prendre à témoin tous les saints du Paradis, tout cela ne tire à conséquence que devant le marabout. Là, plutôt que d'y aller, mieux vaut s'entendre...

La séance continue.

A l'appel de son nom, chaque homme s'avance, empoche ce qui lui est dû et s'en va. Pas besoin de longs calculs : il sait ce qui lui revient.

— Fathmy ould Saada.

— Présent.

Avec Fathmy sort des rangs une pauvre vieille.

— Sidi cap'tane, Fathmy me doit le prix d'un moud d'orge.

— Cette femme a menti.

— Oui, je dis la vérité.

— Non, ma cap'tane, ce n'est pas moi qui le lui dois, c'est mon frère.

— Ton frère? Où est-il?

— Il est mort.

— Depuis quand?

— Depuis neuf ans.

On rit.

— Ce que dit Fathmy est-il vrai, femme?

— Je le jure, ce n'est pas son frère, mais lui, qui me doit cet argent.

— Allez au marabout tous deux.

Eux aussi se sont arrangés en route.

Heureux pays! Justice facile! Que n'est-il de ces marabouts en France!

12 avril. — La « Nefkah », fête du 26ᵉ jour du carême. Manger du mouton aujourd'hui est obligatoire pour tous, le riche devant partager avec le pauvre.

Donner de la viande à qui n'en a pas est un devoir pour qui en a. Il en était ainsi déjà le 12° jour de la lune.

Mohammed, en prophète prévoyant, qui connaissait ses fidèles, qui savait que beaucoup, trop pauvres, n'auraient jamais mangé de viande, leur en a fait une loi religieuse, particulièrement en ce carême qui les affaiblit outre mesure.

14 avril. — Deux Français ont été nommés brigadiers. Réception à la cantine, puis absorption de quelques barrettes de thé au café maure.

On était gai, on a chanté, on a crié. *Marseillaise*, vieux refrains de café-concert, bribes d'opérettes, un pot pourri bruyant qui ahurissait les indigènes et couvrait leurs mélopées.

Petite distraction pour ces enfants, en ce

jour désiré du premier galon reçu. Ils semblaient heureux pourtant, oublieux complètement de leur isolement continuel.

15 avril. — « Aïd-es-Serrir. » — La petite fête, — pour célébrer la fin du Rham'dan. La fête des gâteaux : en manger est d'obligation, comme de manger du mouton l'était ces jours passés.

On nous en a envoyé qui, sans doute, eussent été délicieux si, en guise de pâte d'amandes, ils n'avaient contenu de la pâte de clous de girofle.

Pour que l'on pût faire frire les gâteaux, il y a eu distribution d'huile, — un litre par spahi.

Une nuée d'enfants s'est abattue sur le bordj, chacun portant sa gamelle pour l'huile.

Tous étaient en costume de fête. Les petits garçons déjà tout salis à force de se rouler partout; les fillettes ravissantes dans leurs longues jupes de couleur, avec, sur la tête, la chechia brodée d'or.

En tête marchait Khadidja, l'aînée des petites Laredj, — délicieux minois de gavroche, à la grimace facile. Sûrement les distributeurs l'ont favorisée : elle leur tirait si gentiment la langue.

20 avril. — Inspection générale.

Nous étions rangés en bataille, sur le terrain — pauvre escadron d'un peloton et demi.

L'impression du général a été mauvaise lorsqu'il est arrivé; mais la façon dont cet amas d'employés s'est présenté ensuite l'a fait, je crois, changer de sentiment.

Nos jardins semblaient, eux aussi, préparés pour l'inspection.

Le printemps s'était chargé des apprêts.

La végétation est dans tout son éclat. Tout est vert et fleuri, rien n'a souffert encore du soleil.

Violettes, lilas d'Espagne, orangers et citronniers, parfument l'air.

Grimpant le long des triacanthes et retombant des branches ou s'accrochant aux longues épines, en guirlandes, — ou bien simplement poussées en haies épaisses, — des roses s'épanouissent partout en grappes rouges ou blanches.

Sous leurs feuilles lancéolées, les néfliers du Japon cachent à moitié leurs petites pommes dorées.

Partout le régal des yeux et la fête des parfums.

28 avril. — De retour d'une petite excursion depuis longtemps désirée.

Suivi du vieil Ab-Kader-Bou-Zian, passé d'abord à Nedromah.

Rien d'exquis comme cette ville arabe, s'accrochant toute blanche à un sombre massif montagneux, et dominée par les ruines de ses vieilles murailles, à l'abri desquelles s'étaient retirés, dit-on, des Maures chassés d'Espagne.

Puis à Nemours, étendue toute gracieuse auprès de la mer, au pied des hauteurs que couronnent les ruines de l'antique Djema-Razzahouët.

De là, par des sentiers impossibles, longeant parfois de délicieuses petites plages, — Sidna-Oucha, Sidi-Naun, et d'autres, — atteint Honeïn, — amas de ruines, — berbères cette fois, — au milieu desquelles l'enceinte d'une ville et celle de sa kasbah sont restées debout, admirablement conservées.

Voyageant dans la montagne, j'admirais le Kabyle travaillant à ses moissons, le trouvant plus laborieux que l'Arabe. Ce qui me valut cette réponse d'Ab-Kâder :

« L'Arab' y pas travailli beaucoup, parci qui content avec peu. Donne-moi cinquante francs, moi pas travailli, bien mangi, toujou dormi jusqu'à plus d'argent — kif-kif el gouverneur. »

Après Honeïn, c'était Rachgoun, où notre Tafna, à son embouchure, s'étend sur près de cent cinquante mètres de largeur.

Ensuite Beni-Saf, petite ville industrielle, curieuse par ses mines de fer à ciel ouvert.

Non sans émotion, je songe à mon retour par la vallée de la Tafna, à la journée que j'ai passée dans une des belles propriétés qui s'échelonnent le long de la rivière, à l'accueil si aimable et cordial que j'y reçus, à l'insistance charmante que l'on mit à me prier d'y revenir. Doux gîte d'étape dont je m'éloignai à regret et que je reverrai.

Continuant ma route vers le sud, je traversai Montagnac, centre à peine vieux de dix ans, construit près de la jonction des vallées de l'Ysser et de la Tafna.

Vu là un personnage qui eut son heure de

célébrité : Mahmoud, autrefois chaouch du colonel Beauprêtre, à Nemours.

C'est à ses soins que l'on remettait ceux qu'il fallait faire disparaître.

— Soigne-le bien! lui disait alors le colonel.

Mahmoud emmenait le condamné et le soignait de telle sorte que personne n'en entendait plus parler.

Mahmoud n'avait eu à donner ses soins encore qu'à des Arabes. Il fut bien étonné un jour que le colonel lui confia un officier supérieur, avec le sacramentel « Surtout soigne-le ! » Bien que devant la consigne il n'eût pas à hésiter, d'étonnement il en oublia son sabre et ne s'aperçut de l'oubli qu'en route seulement.

— Attends-moi là, je reviens de suite.

Et, tout galopant, il rentrait à Nemours. Le colonel le rencontre :

— Comment, déjà de retour?

— J'ai oublié mon sabre.

— Ton sabre, mais pourquoi faire?

— Ne m'as-tu pas dit de soigner l'officier?

— Malheureux!...

Tout s'explique. La recommandation n'avait été que machinale.

Et Mahmoud, rejoignant l'officier, dut s'estimer heureux d'avoir oublié son sabre.

De Montagnac, je reprenais le chemin de Blad-Tafna.

En route, un rêve me vint. Je voyais cette belle vallée, — ce qu'elle sera peut-être un jour, en vingt ans, en trente ans d'ici, — défrichée, retournée, cultivée par d'autres que les quelques nomades qui se la partagent maintenant.

Le long de la rivière se déroulait le double ruban d'une voie ferrée, traversant de riches villages, des jardins merveilleux. J'entendais les frémissements de la vapeur, le coup de sifflet du train qui s'arrête, le cri de l'employé : Hammam-Bou-Ghrara!

Sous les palmiers des Bains chauds, — devenus un rendez-vous d'élégants, — un visage aimé souriait tendrement à mon retour, celui de la jolie blonde entrevue à l'avant-dernière étape.

Comme les morts, les rêves vont vite. Si pourtant celui-ci devenait une réalité!...

30 avril. — Mazari, le voleur d'orge, a été condamné à un an et un jour de prison.

1ᵉʳ mai. — Les sauterelles ont fait leur apparition. Elles n'ont fait guère que passer sur le territoire.

Notre vigne les a tentées; mais on y a fait un tel vacarme de trompettes, de casseroles et de ferrailles, qu'elles se sont vite envolées.

Quelques-unes se sont arrêtées, pour la ponte, à l'angle du confluent de la Tafna et de la Mouïlah. Le sable en est troué comme une écumoire, mais sur un assez petit espace.

4 mai. — Tentative d'assassinat. Ahmet-Oud-el-Hadj-Larby, qui remplaçait mon ordonnance malade, allait à la sellerie pour astiquer mon harnachement. Il ne retrouve pas le savon anglais. Qui pouvait bien l'avoir pris? Sûrement ce Si-Bou-Ghrara, qui rôdait de ce côté-là le matin.

Justement Bou-Ghrara revenait.

— C'est toi qui as volé la boîte?

— Quelle boîte? Tu me prends pour un voleur?

— Oui, tu es un voleur!

Échange de coups de poing qui arrête la discussion.

Bou-Ghrara, plus faible, s'en allait, criant des « Chien, fils de chien! » quand arrive Ahmet-Ould-M'hamet, le trompette.

— Comment, Ahmet-Ould-el-Hadj, tu te laisses traiter de chien par ce Bou-Ghrara! Un Maaziz se laisser insulter par un des Oulad-Riah! Emmène le donc dans le ravin pour lui montrer qui est le fils de chien...

Ould-el-Hadj s'excite, part comme un trait, dépasse Bou-Ghrara déjà loin, et se retourne le poing en avant pour l'attaquer. L'autre, sur ses gardes, d'un coup de couteau lui troue le ventre.

On s'empresse autour du blessé, on le porte à l'infirmerie, et on amène l'assassin au capitaine qui le fait conduire en prison.

Le médecin appelé arrive, fait une suture au gros intestin légèrement entamé, une autre au péritoine, et expédie Ahmet à l'hôpital.

— Avec cette blessure, fait-il, un Français serait probablement perdu. Mais ceux-ci sont tellement différents de nous, ils ont si rarement des péritonites, que probablement il s'en tirera.

5 mai. — L'époque des moissons. Grâce aux pluies, la récolte sera très bonne.

Autour de nous, grande et extraordinaire animation.

Les serviteurs habituels étant une ressource insuffisante, chacun engage des moissonneurs de passage.

Des Marocains qui se font la main dans notre province, avant d'aller grossir leur pécule à Bel Abbès. Ils passent en bandes nombreuses, chantant des airs que cadence un benndir.

Ils sont bien une centaine, en ce moment, arrêtés à la smaala. Travailleurs vigoureux et infatigables, jamais ils ne se reposent, dans la journée, pressés qu'ils sont d'en finir et d'aller gagner davantage plus loin.

Le soir, ils s'installent près du café maure, et, lorsqu'ils ont mangé le couscouss que leur apportent ceux qui les font travailler, ils chantent, prolongeant fort avant dans la nuit leurs mélopées monotones, tout en se passant l'un à l'autre la petite pipe noire pleine du « kif (1) » qui donne les beaux rêves.

(1) Fleur du chanvre asiatique avec laquelle on fait le hachisch. Se fume dans des pipes minuscules.

Pour les payer, il faut de l'argent. Les spahis qui n'ont pas d'avances viennent en demander au capitaine. Et le capitaine leur en fait, ce qui désespère Ihoudda, qui n'a plus à voler que ceux de ses clients qui, lui ayant quelque obligation, se croient forcés d'avoir recours à lui.

— Qu'est-ce ti veux qui ji fasse ici? disait-il au capitaine ce matin. Si ti leur donnes l'argent pour rien, je n'ai plus qu'à m'en aller; ils ni viendront plou chez moi.

— Je ne demande pas autre chose! a répondu le capitaine.

Et Ihoudda reste : il a tant de façons de se rattraper !

7 mai. — L'orge est à peine coupée, et déjà il n'est bruit, au douar, que de mariages. L'argent du grain vendu servira pour acheter les filles.

Mohammed bou Medine, le « maboul », a commencé le feu.

Pas si maboul qu'on le dit, Bou Medine épouse une veuve alerte, soigneuse, infatigable au travail, qui lui apporte une tente, qui lui entretiendra ses effets, qui le nettoiera, — car il avoue qu'il « ne passe d'eau sur sa figure que les jours de pluie », — qui lui fera d'excellent couscouss, lui donnera de délicieux café et... le reste.

Pendant que nous déjeunions, ce matin, il est venu, l'air un peu plus bête que de coutume, mais si brave homme pourtant. Il a déposé sur un coin de la table un paquet enroulé dans son mouchoir d'ordonnance. Il explique que c'est là notre part de son festin de noces : des œufs durs et des galettes au miel. Le capitaine refusant, le pauvre diable en paraît si malheureux, que le présent finit par être accepté. Et le maboul s'en retourne tout joyeux.

9 mai. — Au cimetière, près de Hammam bou Ghrara.

Deux « mesquines » travaillent silencieux, courbés. Ils creusent une tombe.

De temps en temps, ils se redressent, empoignent un long paquet enveloppé de bure, étendu près d'eux, dans le sentier, le tiennent un moment au-dessus de la fosse, puis le replacent et se remettent au travail : le trou n'est pas encore assez grand.

Une femme passe, et me voyant regarder :

— Un berger qui vient de mourir, fait-elle.

C'était si triste et si poignant, cet enfouissement, que je me suis sauvé au galop.

11 mai. — You! you! you! you! Encore un mariage. Ben Salem, le berger, épouse la fille de Ben Soltan, — une enfant assez jolie, à l'œil vif, mais inquiétant.

Depuis deux jours, le douar est en fête; depuis deux jours, on danse, on chante, on tire des coups de fusil, on boit le café ou le thé.

Heureux B'Sâlem, bien sûr qu'il ne regrette pas les deux cents francs que lui a coûté la fille !

Mais l'excès de bonheur rend muet, dit-on. Le nouveau marié en a fait la triste expérience la nuit de ses noces. Un sort qu'on lui aura jeté, sans doute.

Dès le matin, il courait chez un thaleb du voisinage pour lui conter son cas. Le thaleb promit de lui rendre la parole, et, avec un confrère, l'accompagna jusque sous sa tente.

Là ils ont, à eux deux, composé les amulettes de circonstance et les ont brûlées sous le nez de B'Sâlem : « Maintenant, tu es guéri; Allah t'a rendu la parole. » Et ils sont sortis pour attendre l'effet de leurs incantations.

Après quelques moments, B'Sâlem s'élance hors de la tente. Sur son visage se peint, non la joie, mais la colère.

— Elle était cassée ! crie-t-il.

En vain les saints personnages essayent de le calmer :

— Elle était cassée ! Je veux divorcer. Vous me servirez de témoins devant le cadi !

— Tes témoins ? Mais, pour cela, il faut avoir vu !

— Venez.

Tous trois rentrent.

Hélas ! le doute n'était pas possible.

A Ben Salem atterré, sa femme criait sans cesse :

— Non, je ne veux pas de toi pour mari ; je veux Bou Medine ould Ali.

Pas bête, la petite, de préférer un joli garçon à ce vilain magot de berger.

Enfin, Ben Salem a fini par se calmer. Il ne divorcera pas, malgré tout. Mais son malheur s'est ébruité. Ce qu'on rit de lui au douar !

12 mai. — « Alors, Laredj ould Aïssa, tu ne veux pas rengager ? »

Laredj est un de ces bons soldats qu'on a du regret de voir partir.

Non, il ne rengagera pas. Sa femme a eu des histoires à la smaala. Sitôt parti, il la renverra, d'autant plus qu'elle ne lui a pas donné d'enfants.

— Je veux des petits, moi aussi ; je chasserai Kheira et j'épouserai une jeune fille.

— Après, tu reviendras t'engager ?

— Non, je resterai cibil.

Bah ! Laredj fera comme presque tous ceux qui s'en vont : « J'y prends el classa. »

Ils ont touché leur masse, grossie du prix de leur cheval, — cinq ou six cents francs, — un trésor inépuisable, pensent-ils.

Inépuisable ? Trop vite ils s'aperçoivent que non. Après deux ou trois mois, ils reviennent, tout penauds, voir s'il y a « di la place ».

14 mai. — Bou Medine ould Lhassen m'a demandé la permission d'aller à Maghrnia, « pour porter monz-enfant marade au marabout ».

Il est allé à Maghrnia, il a brûlé de l'encens, il a offert une aumône, — et son pauvre petit « marade » est mort ce soir.

15 mai. — Quatre petits bergers gardaient un troupeau. Ils ont eu faim, ont tué un agneau et l'ont mangé. Quel festin! Et lorsque le propriétaire du troupeau a constaté la disparition de l'agneau, ils ont dit:

— C'est le « chacail » qui l'a mangé.

Le propriétaire, incrédule, s'est plaint au sidi cap'tane; mais comme il n'avait pas de témoins, le sidi cap'tane les a mis simplement au clou « pour ne pas avoir chassé le chacail ». Histoire d'avoir des hommes de corvée, en attendant le retour des pelotons en remonte.

18 mai. — Vu hier, dans la cour, deux jolies fillettes, venues pour dire bonjour à leur père, garde-écurie. Je leur avais donné de quoi acheter du « kaoukaou (1) ».

---

(1) Kakahouëttes : graines d'arachides.

Sous prétexte de me vendre des œufs, elles sont revenues ce matin et m'ont fait demander.

On me les amène.

Tandis que je me baisse pour leur parler, l'aînée se soulève sur la pointe des pieds, et, sa bouche à hauteur de mon oreille, souffle tout bas :

— Viens dans l'oued.

— Pourquoi?

— Ma mère t'attend.

J'ai renvoyé les petites, inconscientes du rôle que leur faisait jouer leur maman.

20 mai. — A la promenade. Passé à côté de femmes qui lavaient à la rivière. Au retour, elles étaient encore au même endroit, mais étendues sur le sable, — et, auprès de la plus jolie, un jeune homme, bavardant.

Elle avait eu, celle-ci, le temps, avant l'arrivée de l'amoureux, de laver et de sécher les nippes qu'elle portait sur elle, elle voulait paraître dans tout son éclat.

21 mai. — Ahmet ould el Hadj Larby, l'homme au coup de couteau, est sorti de l'hôpital ce matin. Il n'a pas eu le moindre accès de fièvre, pas la moindre inflammation.

Si-Bou-Ghrara, qui l'a frappé, est condamné à un mois de prison par le conseil de guerre.

24 mai. — Lecardinal est parti pour Amélie-les-Bains, si affaibli, que l'idée nous est venue, au capitaine et à moi, d'une séparation définitive. Pauvre camarade !

28 mai. — Diffah pour les hommes au marabout de Sidi Abdallah.

A l'aller, service en campagne.

Sitôt arrivés, — vers dix heures, — sitôt les chevaux entravés, la musette au nez, ralliement des spahis auprès des deux moutons qui leur sont destinés. En un clin d'œil, les victimes sont découpées, partagées en quatre tas égaux de viande.

Distribution gratuite de « batatas » et d'huile.

Tandis que les tadjinns mijotent, on nous sert, près de la source, sous un bouquet de trembles, le déjeuner apporté dans un couffin.

Au café, fantasia, — à pied, hélas! on ne saurait avoir tous les bonheurs à la fois.

Les benndirs résonnent, et les flûtes, et les chants, et la poudre. Danses du ventre et du fusil.

Pour nous, ces réjouissances sont quelque peu fastidieuses. Mais, pour eux, elles ont fait de cette journée une journée de plaisir.

Que n'y avait-il les femmes pour danser?

5 juin. — Ahmet-Ould-M'hammet est las d'Aïcha, sa femme.

Depuis trop longtemps elle lui roule le couscouss et fait bouillir le café.

Il ne peut aller voir Fathima, la vierge aux grands yeux, qui réjouit de ses chants la tente voisine, sans que, de suite, Aïcha se dresse entre eux.

Oui, Ahmet en est las, d'Aïcha.

Tous les jours il la roue de coups.

— Ne t'en iras-tu pas bientôt?

Mais Aïcha reste. L'entêtée refuse de s'en aller.

Elle préfère laisser meurtrir son pauvre corps plutôt que de quitter le bel Ahmet.

— Frappe, mais garde-moi!

Ahmet veut divorcer, mais divorcer sans rendre l'argent. Pour cela, un prétexte est nécessaire.

Le prétexte, il l'a trouvé, enfin :

— Mon cap'tane, permission de divorcer. Sans me le demander, ma femme est allée seule au hammam.

— C'est grave, évidemment; mais crois-tu que ce soit une raison suffisante pour divorcer?

— Aller seule au hammam? Je le crois bien...

Le cadi les a séparés. Sitôt Aïcha renvoyée, Ahmet va trouver le vieux Laredj.

— Combien veux-tu de ta fille Fathima?

— Cent douros.

Cent douros? Où donc Ahmet les trouverait-il?

— C'est trop, cent douros...

Pendant qu'ils discutent, Fathima leur apporte le kahoua. Ses doux yeux grands ouverts, elle écoute son maître de demain la marchander à son maître d'aujourd'hui.

Enfin l'accord est fait. Ce sera cent cinquante francs et une vache.

Ahmet, tout joyeux, a déjà fait dresser l'acte de mariage.

Bientôt les fêtes vont commencer. D'ici là, Aïcha aura trouvé un autre mari.

8 juin. — Le sellier Chauveau est mort.

L'état sanitaire des Français est très mauvais.

Beaucoup sont malades.

Cela commence par un subit accès de fièvre et très violent.

A l'hôpital, la fièvre continue avec des hauts et des bas. **Fièvre rémittente.**

Puis aussi des complications graves.

Enfin la nostalgie les prend. Ils ne pensent qu'à leur famille, à leur village, à leur chez-eux...

Lorsque Chauveau se mourait, une lettre lui arrivait dans laquelle son père lui annonçait une permission obtenue pour lui à l'occasion du mariage de sa sœur.

10 juin. — Encore Ben-Amar-Bou-Zian. Il était au « clou » hier.

Depuis les moissons terminées, chaque spahi est tenu d'apporter, au pansage du soir, un sac de chaume pour la litière.

Une corvée d'un instant, la paille étant coupée par eux tout près de l'épi, et le chaume restant très long.

L'ennui est que, chaque jour, il faut aller plus loin du bordj pour trouver du chaume.

Et cela coupe la sieste d'une façon si désagréable.

Ben-Amar, lui, remplissait tout simplement son sac en prenant de la paille à même la litière. Il l'emportait chez lui le matin, puis le rapportait au pansage du soir, le vidant là même où il l'avait pris. Il aurait pu se contenter de porter le même sac sans jamais le vider... ni le remplir.

Son truc découvert, et puni, le coupable me disait d'un air navré :

— L' mois derni, moi à Adjeroud; l' mois l'après celui-ci, moi encore Adjeroud! C' mois-ci, une nuit d' service, l'aut' nuit salle d' police! Qu'est-ce ti veux donc moi donner à mon femme?

12 juin. — Mariage d'Ahmet avec Fathima.

Aux fêtes, celle des femmes qui dansait et chantait avec le plus d'entrain était Aïcha, la femme répudiée.

Aurait-elle retrouvé un mari?

17 juin. — Aïd-el-Kebir. La grande fête ou la fête du « mōtō », du mouton.

Repos, réjouissances, et mouton obligatoire.

20 juin. — Le maboul à son « marsouji ».

— Fais-moi coucher quelquefois à la salle de police, et moi je serai très content. Ma femme m'ennuie et me fatigue; elle ne veut plus me croire lorsque, le soir, en me couchant, je lui dis que j'ai des coliques.

22 juin. — Moidrot, mort à l'hôpital.

Et de deux.

Souscription pour acheter, à Tlemcen, des

couronnes aux deux pauvres garçons qui sont partis.

24 juin. — Les couronnes sont arrivées. Il y en a quatre : une grande et une petite pour chaque mort.

25 juin. — Ben l'bonjour, mon lieut'nant.

— C'est vous, Jollivet? Vous voilà guéri pour de bon?

— Pas t't à fait. Toujou c'te fièvre qui me tient 'core. Mais l' pays y va me r'mettre.

— Vous allez en convalescence? Sûrement ça vous remettra. Vous êtes content d'être sorti de l'hôpital?

— Oh que oui! C'est que j'y ai passé de sales quarts d'heure, à l'hôpital. J' crois bien qu' si j'y étais resté 'core que'que temps, j'aurais passé l'arme à gauche.

— Mais vous étiez bien soigné pourtant.

— Ben sûr que m'sieu l' major y m' soignait

bien. Il est si bon, m'sieu l' major! Mais les infirmiers, dame, y n'aimaient pas beaucoup s' fatiguer.

Et puis, t'nez, y a pas quinze jours, j'en ai passé une nuit d' malheur!

Vous savez, c' zouave qui s'avait j'té par l' fenêtr'? On l'avait mis dans l' lit qu' était à côté du mien. V'là qu'y restait pas une minute tranquille; y criait, tout l' temps, des choses qu' nous comprenions point. Il était maboul, quoi!

Après la soupe du soir, p'us d'infirmiers!

Leu' bonne amie l's attendait su' l' boul'vard.

L' zouave, y criait toujou'. Ça n' nous a pas empêchés d' nous endormi'.

Et pis, v'là qu' nous s' réveillons tout d'un coup. Y en avait un qui criait : « Nom d' Dieu! il est mort, l' zouave!... » Il était ben, à c't' heure... Quelle heure qu'y pouvait ben être?... Que'que chose comme onze heures ou la demie sur minuit.

Celui qu'avait crié s'avait réveillé, et, comme l'zouave, y disait plus rien. « Tiens, qu'y s'avait pensé, y a l' zouave qui dit pus rien; ben sûr qu'y dort; faut qu' j'alle voir. »

Y s'avait levé, et, sans lumière, était allé tâter l' front au zouave. Y l'avait trouvé froid, et alors il avait crié : « Nom d' Dieu! j' crois ben qu'il est mort! »

Alors nous nous sont tous reveillés. Ceux qu' ont pu marcher, — pas moi, j'étais trop faible, — y s' sont levés, y z'ont allumé la camoufle, et y sont venus voir l' mort, dans l' lit à côté de moi.

Même qu' c'est l' brigadier Bourdeau qui t'nait la camouf'! Puis y s' sont recouchés et ont dormi d' nouveau.

Mais, moi, j' pouvais pas redormi'. Y m' semblait que j' l'entendais crier; j' croyais qu'y s' remuait. J'avais peur, quoi!... Ah! nom d'un éptard! j' voudrais pas y être ed nouveau! »

Ce n'est pas vous, bonne Sœur de charité, qui auriez effrayé vos malades en laissant toute une nuit un mort dans une salle, ô vous, qui savez si bien soigner le soldat, vous dont la main légère panse ses plaies avec tendresse, vous qui si bien le dorlotez, lui parlez du pays et de ceux qu'il aime, vous qui n'allez pas « su' l' boul'vard » et qui n'avez à aimer personne d'autre que le petit soldat.

26 juin. — Le trompette Garreau est mort.

29 juin. — Bout de discussion saisi au passage.

Interlocuteurs : le Juif préposé aux fourrages et Ihoudda, le Juif de la smaala.

IHOUDDA. — Je veux 2 fr. 50 du quintal de paille.

L'AUTRE. — Je t'en donne 2 francs. Tu sais bien que c'est surtout avec la paille que je me rattrape. Tu veux me céder la tienne à

2 fr. 50 le quintal, pesé juste, mais tu ne l'achètes que 1 fr. 25 ou même 1 fr.

Lorsque j'achète de la paille aux Arabes, le quintal n'est pas de 100 kilog., mais de 120 et même 140 kilog.

Tu fais comme moi, toi. Tu gagnes donc plus de 1 franc par quintal. Il faut être raisonnable !...

Ont-ils fini par s'entendre? Probablement, car ce matin, au fourrage, Ihoudda représentait le préposé.

Quelques Arabes attendaient pour vendre des filets de paille apportés à dos de bourriquots. Je leur ai fait dire par mon sous-officier de se méfier de Ihoudda, et j'ai fait expliquer au plus savant de la bande, à celui qui paraissait les mener tous, ce que valait chacun des poids servant aux pesées.

J'ai peut-être eu tort de m'en mêler. Ce savant se laissera moins voler par Ihoudda, mais les autres n'y gagneront rien : au lieu d'être volés par un Juif, ils le seront par un Arabe.

2 juillet. — Épilogue du mariage de Ben Salem avec Ben Soltan.

— Que veux-tu, B'Sâlem ?

— Fais-la taire.

— Qui ?

— La mère de ma femme.

— Que te fait-elle ?

— Elle ne veut plus de moi pour mari de sa fille, parce que je ne suis qu'un berger. Elle me fait des misères pour m'obliger à divorcer.

— Renvoie ta femme, puisque tu l'as trouvée cassée.

— Je perdrais les deux cents francs qu'elle m'a coûté. Pour ne pas les perdre, j'aurais dû divorcer le premier jour après le mariage. Mais je ne demande pas mieux que de la garder. Ben Soltan, son père, m'aime bien; elle s'est, elle, habituée à moi. La vieille seule ne veut pas de moi. Dis à Ben Soltan de la faire taire, et je vivrai content tout de même.

— C'est bon ; je le lui dirai. Mais vous m'ennuyez, toi et ta femme. Si j'entends encore parler de vous, je vous renvoie tous deux hors de la smaala.

3 juillet. — Aïcha, la femme renvoyée par le trompette Ahmet, s'est remariée.

Qui poussait les You! you! you! les plus bruyants? qui tirait le plus de coups de fusil? Ahmet lui-même, son ancien mari.

4 juillet. — Motuel est mort.

Toute ma vie, je les verrai me regardant, les yeux du petit Motuel, tout ronds, tout grands, — quelque chose de sombre et de noir, avec au fond, tout au fond, une petite lueur qui tremblotait comme la flamme d'une lampe qui va s'éteindre, — l'âme du pauvre petit « gniafron », comme on l'appelait.

Il était bien bas, ce jour-là. Lorsqu'il parlait, les mots venaient si lentement, qu'il semblait qu'on voyait son petit cerveau en travail les marteler, les broyer avant de les faire sortir un à un, reliés par un fil si léger, si ténu, qu'à peine pouvait-on l'apercevoir.

Depuis tantôt un mois, il avait pris les fièvres. Le sous-officier d'infirmerie, à l'escadron, lui avait pris la température, et, d'un ton dolent, de cette voix qu'on prend pour parler à un condamné à mort, il avait dit : « Quarante degrés cinq dixièmes ! »

Ces quarante degrés cinq dixièmes lui étaient restés dans la tête, à Motuel, et, le lendemain, en entrant à l'hôpital, il y repensait, se disant : « Quarante degrés cinq dixièmes ! Ben sûr que je ne sortirai plus d'ici ! »

Et, pendant le mois qu'il était resté là, il avait vu s'en aller, les pieds en avant, un, puis deux, puis trois autres qui avaient eu, eux aussi, quarante degrés cinq dixièmes.

Un jour, il n'y a pas longtemps, Baudet était allé le voir.

— Eh bien, petit Motuel, ça va mieux?

— Dis, Baudet, est-ce que les couronnes sont arrivées?

— Oui.

— Combien qu'il y en a, dis?

— Quatre.

— Quatre? Pourquoi donc qu'il y en a quatre, pisqu'y n'en est mort que trois?

— C'est qu'on n'en avait trouvé que deux grandes, une pour Chauveau et une pour Moidrot. Alors, pour Garreau, on a pris deux petites.

— Non, Baudet, c'est pas ça. C'est que la quatrième, elle sera pour moi.

Mais le mieux était venu. Déjà M. le major avait dit au petit Motuel : « Vous allez sortir de l'hôpital et vous irez en convalescence; papa et maman vous guériront tout à fait. »

Et le petit gniafron était sorti. Tout joyeux,

il avait vu, à la porte, son vieux canasson qui l'attendait.

Voilà qu'au moment de mettre le pied à l'étrier, une faiblesse l'avait pris, et on l'avait recouché dans son lit.

La fièvre était revenue. Le petit Motuel délirait ; il ne parlait plus que du pays ; il disait des choses qui faisaient rire les autres. Il n'y avait pas là de bonne Sœur pour le consoler ; non, il n'y avait que l'infirmier qui venait et disait : « La quinine pour le numéro 7 ! »

Pas de quoi donner du courage au petit gniafron, lorsqu'il comprenait, n'est-ce pas ?

Tout vers la fin, Tassin lui avait fait une visite aussi.

Vous savez, Tassin, l'ancien cuirassier, le cuisinier des officiers ?

— Quoi... qu'y... y a... d' nouveau... là... bas... Tassin, dis ?

Déjà il martelait les mots ; déjà ses yeux s'étaient agrandis, et, tout au fond, la petite lueur tremblotait, — les yeux qu'il avait en me regardant deux jours plus tard.

— Du nouveau ? Pas grand'chose, petit. On a fait venir un bottier en attendant que tu guérisses et que tu reviennes de convalescence.

— Un... autre... bottier ?... J'en veux pas ! Dis-y qu'y s'en alle !... Je l' mettrai dehors, moi, quand je r'tournerai... Tu verras...

C'est qu'il était en colère, le petit ! Il s'était soulevé un peu, dans son lit, et la petite lueur, au fond de ses yeux, avait grandi tout d'un coup.

Il n'est pas revenu à l'escadron, le petit Motuel; sa petite âme s'est envolée vers d'autres escadrons où les petits bottiers ne sont pas remplacés lorsqu'ils entrent à l'hôpital.

La petite flamme s'est éteinte; les yeux se sont fermés; il est mort, Motuel.

C'est égal, oui, tant que je vivrai, je les

verrai là, me regardant, tout grands, tout ronds, avec, tout au fond, la petite lueur qui tremblotait, — les yeux du pauvre petit gniafron.

8 juillet. — Cruellement, la mort frappe. Ce pauvre Lecardinal vient de mourir, lui aussi, à l'hôpital d'Amélie. Cœur excellent, camarade toujours prêt à rendre service, il est mort jeune, peut-être parce qu'il avait trop aimé vivre.

Ce qui n'est qu'imprudent en France est dangereux en cette anémiante Algérie.

ÉPILOGUE.

A cette date s'arrêtait le fragment du journal de Goubet relatif à sa vie en smaala.

Passé capitaine vers cette époque, il a changé de régiment; mais les mauvais jours n'ont pas pris fin pour lui.

Il continue de rogner sur ses appointements et de retrancher, avec sévérité, de sa vie toute distraction coûteuse. Mais déjà il commence à entrevoir la fin de l'expiation.

Ses fautes auront été une leçon de l'expérience, — une leçon qui porte.

Celui qui sait se relever, après une chute, ne redevient-il pas l'égal de celui qui n'a jamais failli?

En vente à la même Librairie :

La Conquête d'Alger, par Camille Rousset, de l'Académie française. Un vol. in-8°. Prix. . . . . 6 fr.

Les commencements d'une Conquête. **L'Algérie de 1830 à 1840,** par Camille Rousset, de l'Académie française. Deux vol. in-8°, avec atlas spécial. Ouvrage orné du portrait de l'auteur. Prix. . . . . 20 fr.

La Conquête de l'Algérie (1841-1857), par Camille Rousset, de l'Académie française. Deux in-8°, avec atlas spécial. 20 fr.

Lettres d'un soldat. Neuf années de campagnes en Afrique. Correspondance du colonel de Montagnac, publiée par son neveu. Un vol. in-8°, avec portrait. Prix. . . . . 7 fr. 50

L'Algérie qui s'en va, par le Dr Bernard. Un vol. in-18, illustré de dessins de Kauffmann. Prix. . . . . 4 fr.

Les vrais Arabes et leur pays. *Bagdad et les villes ignorées de l'Euphrate,* par Denis de Rivoyre. Illustrations de Saint-Elme Gautier et carte spéciale. Un vol. in-18. Prix. . . 4 fr.

Histoire de la question coloniale en France, par Léon Deschamps, professeur d'histoire au lycée du Mans. Un vol. in-8°. Prix. . . . . 7 fr. 50

(*Couronné par l'Académie des sciences morales et politiques, prix Audiffred.*)

Un été dans le Sahara, par Eugène Fromentin. 11e édition. Un vol. in-18. Prix. 3 fr. 50

Une année dans le Sahel, par Eugène Fromentin. 8e édition. Un vol. in-18. Prix. 3 fr. 50

Pages détachées. *Notes de voyage — au Sénégal — le Détroit de Magellan — Tahiti et les îles sous le Vent — îles Marquises — l'Océanie centrale,* par Paul Clavéry. Un vol. in-18. Prix. . . . . 3 fr. 50

Pays et paysages, par Émile Pouvillon. In-18. 3 fr. 50

Tableaux algériens, par Gustave Guillaumet. Un vol. in-18. Prix. . . . . 3 fr. 50

www.ingramcontent.com/pod-product-compliance
Lightning Source LLC
Chambersburg PA
CBHW070545160426
43199CB00014B/2377